Ulrich Offenberg

DIE FRANZÖSISCHE REVOLUTION

Geschichts-Daten

1778	Preisverfall bei Getreide und Wein
1781	Vier-Wappenviertel-Edikt (Adlige werden Offiziere)
1787	Finanzreform wird von Notabeln-versammlung abgelehnt Schaffung des Cour plenière
7. Juni 1788	Straßenkämpfe in Grenoble
8. August 1788	Einberufung der Generalstände
24. August 1788	Erklärung des Staatsbankrottes Berufung von Jacques Necker als Finanzminister
21. September 1788	Einberufung der Generalstände
Dezember 1788	Akzeptanz des Dritten Standes
Frühjahr 1789	Versorgungsschwierigkeiten und Hungerrevolten
28. April 1789	Aufruhr und Plünderungen in Paris St. Antoine, 20 Tote
1. Mai 1789	Wahl zu den Generalständen
17. Juni 1789	Gründung der Nationalversammlung Ausarbeitung einer neuen Verfassung
20. Juni 1789	„Ballhaus-Schwur"
11. Juli 1789	Entlassung von Jacques Necker
12. Juli 1789	Zusammenstoß zwischen Aufständischen und Militär Truppen schließen sich Aufständischen an
14. Juli 1789	Sturm auf die Bastille
26. August 1789	Erklärung der Menschen- und Bürgerrechte
4. Oktober 1789	Marsch auf Versailles
6. Oktober 1789	König Ludwig XVI. muss nach Paris umziehen
20. Juni 1790	Fluchtversuch König Ludwigs XVI.
August 1791	Kaiser Leopold II. und Friedrich Wilhelm II. gründen Allianz

Geschichts-Daten

Herbst 1791	Unruhen in ganz Frankreich Unruhen in den französischen Kolonien
7. Februar 1792	Militärkonvention zwischen Österreich und Preußen
20. April 1792	Frankreich erklärt Österreich und Preußen den Krieg
25. April 1792	Komposition der Marseillaise
25. Juli 1792	Manifest des Herzogs von Braunschweig
10. August 1792	Amtsenthebung und Arretierung König Ludwigs XVI.
19. August 1792	Angriff der Verbündeten in Frankreich
2. September 1792	Volksjustiztribunale
6. November 1792	Sieg der französischen Truppen
21. September 1792	Absetzung König Ludwigs XVI.
11. Dezember 1792	Prozess gegen König Ludwig XVI., alias Louis Capet
21. Dezember 1792	Hinrichtung König Ludwig XVI.
Februar 1793	England tritt in Koalitionskrieg ein
10. März 1793	Gründung der Revolutionstribunale
6. April 1793	Gründung des Wohlfahrtsausschusses
2. Juni 1793	1. journée revolutionnaire – Ende der Gironde
13. Juli 1793	Ermordung von Marat
27. Juli 1793	Wahl Robespierres an die Spitze des Wohlfahrtsausschusses
5. September 1793	2. journée revolutionnaire – Sturm auf den Konvent
8. September 1793	Franzosen siegen gegen England
Herbst 1793	Die Revolutionstribunale verbreiten Terror Kampf gegen die Kirche
5. Oktober 1793	Abschaffung der christlichen Zeitrechnung
16. Oktober 1793	Die Königin Marie-Antoinette wird hingerichtet
4. Dezember 1793	Erlass einer diktatorischen Verfassung

Geschichts-Daten

Januar - August 1794	16.594 Menschen werden hingerichtet
10. Juni 1794	Terrorgesetz ermutigt Denunziantentum
26. Juni 1794	Sieg der Franzosen bei Fleurus gegen Österreich
27. Juli 1794	Verhaftung von Robespierre und Saint-Just
28. Juli 1794	Hinrichtung von Robespierre mit 100 Gleichgesinnten
22. August 1794	Erlass einer revidierten Verfassung
1. Oktober 1794	Annektierung Belgiens
5. Oktober 1795	Niederschlagung der Gegenrevolution durch Napoleon
1796	Eroberung der Cispadanischen Republik in Italien
1797	Friedensschluss Napoleons mit Papst und Österreich
4. September 1797	Coup d État
1798	Französische Truppen fallen in Schweiz ein
Mai 1798	Napoleon leitet Expeditionskorps nach Ägypten
Mai 1799	Niederlage Napoleons vor Akko
18. Juni 1799	Staatsstreich
10. November 1700	Altes Direktorium tritt zugunsten von Konsulat ab
13. Dezember 1799	Proklamierung der Konsulatsverfassung Napoleon übernimmt die Macht
2. Dezember 1804	Napoleon krönt sich zum Kaiser

Inhaltsverzeichnis

Es ist überliefert, was Kaiserin Marie-Antoinette ignorant auf die Forderungen des hungernden französischen Volkes zu erwidern wusste: „Gebt ihnen doch Kuchen, wenn sie kein Brot haben!“ Wie aber hat das Gesinde bei Hofe den Vorabend der Französischen Revolution erlebt? Wie haben etwa die Zofe Isabelle und ihr Freund, der Diener Joseph, reagiert, als vor dem Schloss der Lärm von protestierenden Menschen zu hören war und immer wieder der Ruf erscholl: „Gebt uns Brot“ und „Nieder mit der Königin“? Wir stellen uns die Szene in etwa so vor:

Isabelle: *„Hörst Du Joseph, was die Menschen rufen?“*
Joseph: *„Ich bin doch nicht taub.“*
Isabelle: *„Das Volk von Paris hungert. Es verlangt nach Brot.“*
Joseph (verächtlich): *„Wer kümmert sich schon um den Pöbel?“*
Isabelle: *„Ihre Rufe sind so laut, dass nicht einmal die Königin sie überhören konnte.“*
Joseph: *„Ja, ich weiß. Marie Antoinette war völlig überrascht von der Not der Leute. ‚Gebt Ihnen doch Kuchen,‘, hat sie gesagt, ‚wenn sie kein Brot haben.‘“*
Isabelle (kichernd): *„Auf solche Ideen kann auch nur die Königin kommen.“*
Joseph (noch verächtlicher): *„Sie ist eine Österreicherin, sie passt nicht zu uns.“*
Isabelle: *„Hüte Dich, Du sprichst von Ihrer Majestät der Königin. Ihre Spione sind überall im Schloss!“*
Joseph: *„Gehörst Du auch dazu, Isabelle?“*
Isabelle: *„Mon Dieu, rede nicht so einen Unsinn. Ich bin ihre Zofe, und weiß Gott, ihre Launen haben mich schon oft zur Verzweiflung getrieben. Für sie spionieren? Beim Leben meiner armen Mutter, niemals!“*

Der Vorabend der Revolution

Frankreich im ausgehenden 18. Jahrhundert. Es herrscht der Enkel des Sonnenkönigs, Ludwig der XVI., gemeinsam mit der Tochter Maria Theresias, der im Volk überaus unbeliebten Marie Antoinette. Im Volk brodelt es. Die Brotpreise steigen von Jahr zu Jahr. Aber auch das Bürgertum ist unzufrieden. Die Saat der aufklärerischen Ideen von Rousseau und Voltaire ist auf fruchtbaren Boden gefallen. Die zu Wohlstand gekommenen Bürgerlichen in den Städten sind nicht länger gewillt, die Arroganz und die enormen Privilegien des Adels widerspruchslos hinzunehmen. Sie hoffen auf Reformen. Aber eine Revolution, Gott behüte, nein! Sie schauen neidisch auf England, wo zwar ein König regiert aber ein Parlament die Gesetze erlässt.

Apropos Reformen? Gerade jetzt, wo sie am nötigsten wären, erlischt die reformierende Kraft des königlichen Absolutismus. Es fehlt durchaus nicht an Plänen, an kühnen Vorstellungen, an klugen Köpfen. Eigentlich mangelt es nicht einmal an der allerhöchsten Geneigtheit des Königs von Frankreich. Aber die Kräfte des Widerstands sind stärker geworden als die Kräfte der Bewegung. Der Adel rächt sich für die politische Entmündigung durch Ludwig XIV. Er greift nach der Staatsführung, nach den wichtigen weltlichen und kirchlichen Ämtern und erdrückt unter seinem gesellschaftlichen Übergewicht, seinem Reichtum und seinem politischen Konservativismus die mitunter vernünftigen Ideen des Königs und die Reformpläne der oft bemerkenswert tüchtigen Verwaltung. So bleibt die wichtigste innenpolitische Frage des Reiches, die Finanzfrage, ungelöst.

Aber Frankreich, dieses mächtige und stolze Land im Herzen Europas, war zu dieser Zeit bankrott. Die Gründe für die leeren Staatskassen im Lande Ludwigs? Die Kolonialkriege in Amerika, das verschwenderische Leben am Hof von Versailles, die Privilegien des beherrschenden Adels, der keine Steuern zahlte, die vermögende Kirche, die nur widerstrebend und im geringen Umfang dem Staat Abgaben leistete.

Bleiben die Bürger und die Bauern. Letzteren geht es am schlechtesten. Die steigenden Preise für landwirtschaftliche Erzeugnisse und die immer höheren Pachten, die die Bauern für Großgrundbesitzer zu leisten haben, kommen nur den Grundherren zugute. Also meist den Adeligen, die am Hofe von Versailles so gerne ihrem nutzlosen Treiben nachgingen, Intrigen sponnen, den König auf der Jagd begleiteten oder im Salon von Marie Antoinette ihr Vermögen verspielten. Es gehört keine große Fantasie dazu, um sich vorzustellen, dass solches Tun den Hass auf die Begünstigten schürt. Die Bauern aber wissen nicht mehr, wie sie die stetig steigenden Kosten erbringen sollen.

Aber die Bauern sind nicht allein. Das Elend auf dem Lande findet in den Städten Bundesgenossen. Die Stadt des 18. Jahrhunderts wächst, weil die Einkünfte des Adels dort in prächtige Häuser investiert werden und der Bevölkerungsüberschuss vom Lande dort Unterschlupf und Arbeit sucht. Aber der Markt hat seine eigenen Gesetze. Das große Angebot der Arbeitskräfte drückt den Lohn, und der unverhohlen zur Schau gestellte Reichtum des Adels verbittert die Tagelöhner, die oft nicht wissen, wovon sie ihr täglich Brot bezahlen sollen. Es bleibt trotzdem die Frage, wie die Dinge so auf die Spitze getrieben werden konnten.

In den letzten zehn Jahren vor der Revolution sammelt sich der politische Zündstoff. Während der Regierungszeit

Ludwig XVI. fällt der Getreidepreis kontinuierlich. Noch schlimmer ist es um den Wein bestellt, das zweite Schlüsselprodukt in der traditionellen Polykultur Frankreichs. Nach einer Zeit hoher Preise in den Jahren 1766 bis 1778 erfolgt hier plötzlich ein sehr starker Rückgang des Preisniveaus, eine Folge einer klassischen Überproduktionskrise.

Die Einkünfte der Mehrheit der Franzosen, die Kleinbauern sind und ohnehin schon unter den Abgaben ächzen, die sie dem Adel und der Kirche leisten müssen, gehen so dramatisch zurück. Viele Bauern weigern sich, ihre Produkte angesichts der niedrigen Preise überhaupt noch auf den Markt zu bringen. Verknappung ist die Folge, die Preise schnellen wieder nach oben, für das tägliche Brot müssen viele Tagelöhner drei Viertel ihres Lohnes ausgeben.

Gleichzeitig versucht der Adel mehr denn je, die hohen Stellen, vor allem die Staatsämter, ausschließlich für seine Söhne zu reservieren. 1781 wird das Edikt der „vier Wappenviertel“ erlassen, das reinblütigen Adeligen – mit vier adeligen Großelternteilen – das Recht einräumt, ohne vorherigen Soldatendienst als Offiziere in die königliche Armee einzutreten.

Das verbittert besonders das Bürgertum, das in diesem Jahrhundert an Zahl, Wohlstand und Wissen gewachsen ist. Die soziale Dynamik jener Jahre entsteht aus zwei unvereinbaren Strömungen: aristokratische Reaktion und bürgerlicher Anspruch. Dazu das hungernde Proletariat und die unterdrückten Bauern. Ein gefährliches Gemisch, was irgendwann explodieren musste.

Hätte der König von Frankreich die Explosion der Revolution noch vermeiden können? Er hat am Ende des

18. Jahrhunderts alle Machtbefugnisse. Der König, nur Gott verantwortlich, hat alle Gewalt, und die „lettre de cachet“, die geheimen Verhaftungsbefehle mit dem königlichen Siegel sind – wenngleich selten geworden – der deutlichste Ausdruck dieser Gewaltenkumulation. Der König ist der höchste Gerichtsherr, Herr über Legislative und Verordnungsgesetzgebung und zugleich ein von nichts und niemandem kontrollierter Chef der Exekutive.

Leider aber ist Ludwig ein schwacher Herrscher, kein Mann mit Visionen. Er will bewahren, nicht erneuern. Am liebsten zieht er sich in seine Werkstatt zurück und bastelt. Sein ganzer Stolz sind Schlösser, die er mit dem Stolz eines tüchtigen Handwerkers vorführt. Es hätte aber einer herausragenden Persönlichkeit bedurft, um die Katastrophe, die auf das „Ancien Régime“ einstürzte, abzuwenden. Dazu aber war Ludwig definitiv zu schwach.

Der Staat erklärt seinen Bankrott

Ausgangspunkt für die kommenden Ereignisse ist die Finanzkrise Frankreichs. Sie ist mehr als der Anlass, mehr als der Funke: Sie fasst alle gesellschaftlichen Widersprüchlichkeiten des Ancien Régime, des alten Regimes, zusammen. Calonne, der Finanzminister Ludwig XVI., entwirft noch einmal eine große Reform zur Rationalisierung des Steuereinzugs im Königreich und schlägt dem König vor, sie seiner Versammlung von „Notabeln“, von angesehenen Adeligen, zur Billigung vorzulegen. Er hofft, sie würden fügsam genug sein, die steuerliche Gleichbehandlung aller Untertanen zu akzeptieren.

Diese „Notabeln“ von 1787 sind fast alle Privilegierte. Wie konnte der König, wie konnte sein Minister glauben, diese

Männer würden brav und lenksam sein? Die adeligen Männer reagieren allergisch, sorgen für den Sturz Calonnes und verweigern seinem Nachfolger, immerhin einem der ihren, jeden Eingriff in ihre Steuerprivilegien. Als der König die Notabeln entlässt, bringen sie die öffentliche Meinung gegen Versailles auf.

Mit dem Auseinandergehen der Notabelnversammlung beginnt die Adelsrevolte, die die Revolution einleitete. Calonnes Nachfolger ist Brienne, der Erzbischof von Toulouse, der den Absolutismus faktisch unter Kuratel stellt, indem er einen Finanzrat als oberste Überwachungsbehörde einsetzt. Der Marquis La Fayette, der dem Reformflügel der Notabeln-Versammlung angehört und großes Prestige besitzt, weil er im amerikanischen Unabhängigkeitskrieg an Washingtons Seite gekämpft hat, erklärte dagegen, dass nur eine Vertretung der gesamten Nation das Recht auf Steuerbewilligung habe.

Dieser Hinweis auf die Generalstände, die Versammlung von Vertretern der drei Stände, des Adels, der Geistlichkeit und der städtischen Körperschaften, die zum letzten Mal im Jahre 1614 zusammengetreten sind, wird vom Pariser Parlament aufgegriffen. Die adeligen Parlamentarierer, die auf ihre Privilegien auf keinen Fall verzichten wollen, glauben, dass die Einberufung der Generalstände das geeignete Mittel sei, um die absolute Königsgewalt endgültig ihrem Willen zu unterwerfen.

Als Antwort auf diese Herausforderung verfügt Ludwig XVI. die Schaffung einer „Cour plenière“, einer Großen Hofversammlung, bei der er selbst den Vorsitz führen solle und die allein das Recht zur Bestätigung der Gesetze haben sollte. Diese Reform, wenn wir sie denn so nennen wollen, denn im Grunde ist sie erzreaktionär, trifft definitiv nicht den Nerv der Zeit. In ganz Frankreich protestieren die adelige und bürgerliche Opposition – freilich aus unterschiedlichen Gründen – gegen den Versuch Ludwig XVI., seine absolute Autorität wiederherzustellen. In Grenoble kommt es am 7. Juni 1788 zu Straßenkämpfen zwischen Truppen des Königs und der Bevölkerung. Der Widerstand gegen das neue Instrument des Absolutismus erfasst auch den Klerus. Die hohe Geistlichkeit verweigerte Zahlungen an den Hof von Versailles.

Angesichts der drohenden Allianz der privilegierten Stände mit der Bourgeoisie und dem bevorstehendem finanziellen Zusammenbruch des Staates, erklärt sich die Regierung jetzt bereit, über die Art der Berufung, die Wahlordnung und die Wähler- und Abgeordnetenzahl der Generalstände noch einmal nachzudenken. Am 8. August 1788 sagt der königliche Staatsrat zu, die Generalstände auf den 1. Mai 1789 einzuberufen und verspricht, den Vertretern der Nation die „volle Ausübung aller Rechte, die ihr gebühren" zu übertragen. Gleichzeitig wurde die „Cour plenière" suspendiert. Das bedeutet die Kapitulation des Hofes auf der ganzen Linie. Wenige Tage später, am 24. August, erklärt Finanzminister Brienne, dass die Regierung alle Zahlungen einstellen müsse. Das bedeutet praktisch den Staatsbankrott. Der König entlässt den erfolglosen Minister und ruft Jacques Necker, der ihm schon früher als Finanzminister diente, in dieses Amt zurück.

Dieser Mann, den der König im August 1788 von neuem beruft, ist nicht nur ein Bürgerlicher, sondern auch Ausländer. Beides keine Empfehlung für ein höheres Amt. Necker, Sohn eines deutschen Rechtsprofessors aus Genf, kam 1747 nach Paris. Er war zunächst leitender Angestellter, dann Teilhaber der Thelusson-Bank. Schon als junger Mann zeigte er eine geniale Begabung für Finanzgeschäfte. Ein echtes Kind des protestantischen Genfer Bürgertums, das an allen Börsen Europas zu finden ist. 1763 hörte er frühzeitig vom bevorstehendem Abschluss des Friedensvertrags zwischen Spanien und England und wurde durch geschickte Spekulationen mit den Aktien der „Compagnie des Indes“ reich. 1765 machte er sich selbstständig, aus seinem Bankhaus wird ein Machtfaktor.

Aber nun will Necker politische Macht, um wirkliche gesellschaftliche Anerkennung zu bekommen. Er wird in die Generalfinanzkontrolle berufen, zunächst als Beigeordneter, dann, 1777, zum Generaldirektor ernannt. Dieser Emporkömmling ist ganz und gar nicht der Mann, der den Besteuerungsmodus von Grund auf zu verändern vermag und die Privilegierten zur Kasse bitten kann. Er ist der Gefangene seiner Sucht nach Beliebtheit und finanziert den Krieg in Amerika mit Anleihen, vor allem solche auf Leibrente. Auch nachdem er durch Calonne ersetzt wird, bleibt er für Rentner und die Finanzwelt der große Mann des Vertrauens. Als er aber vom König zurück ins Amt des Finanzministers gerufen wird, hat er keinen Plan für die Reform des Staatswesens parat.

Zurück zum Pariser Parlament. Am 21. September 1788 beschließt es, die Generalstände ebenso wie im Jahre 1614, getrennt nach drei Ständen einzuberufen, in denen jeder Abgeordnete über eine Stimme verfügen solle. Damit will sich die Aristokratie den endgültigen Sieg nicht nur über den Absolutismus, sondern auch über den Dritten Stand sichern. Denn dieser wäre beim gemeinsamen Vorgehen der Privilegierten, des Klerus und des Adels, immer in der Minderheit geblieben.

Die Macht der Bourgeoisie

Das will der selbstbewusst gewordene Dritte Stand nicht tatenlos hinnehmen, die Allianz mit der Aristokratie gegen den Absolutismus zerbricht. Der Dritte Stand fordert die Verdoppelung seiner Abgeordnetenzahl in den Generalständen, das heißt, gleichstarke Vertretung wie für Adel und Klerus zusammen. Außerdem soll nach Köpfen und nicht nach Ständen abgestimmt werden. Im Dezember 1788 akzeptiert das Pariser Parlament die Verdoppelung des Dritten Standes, schiebt jedoch noch die Entscheidung über die Abstimmungsmethode hinaus. Ein Sieg der Bourgeoisie, sie übernimmt endgültig die Führung der Opposition.

In den ersten Monaten des Jahres 1789 führen Teuerung und Versorgungsschwierigkeiten zu Hungerrevolten und lokalen Empörungen in mehreren Provinzen. Die Ernte des vorhergehenden Jahres ist schlecht ausgefallen und der Brotpreis erreicht den höchsten Stand seit 1709. Bettler und Räuberbanden durchziehen das Land. Eine revolutionäre Stimmung macht sich breit. Das Vertrauen in die Autoritäten ist untergraben, und die intellektuellen Wortführer des politisch rechtlosen Dritten Standes verlangen einen Umsturz des alten Regimes. Sie entwerfen in zahllosen Broschüren, Flugschriften und Abhandlungen Vorschläge zur gesellschaftlichen Neuordnung.

Unser höfisches Bedienstetenpaar Isabelle und Joseph sieht auch die Zeichen der Zeit. Sie erleben jeden Tag, wie sehr sich der Feudalismus überlebt hat:
Joseph: *„Der König hat Necker zurückgeholt, das Volk jubelt.“*

Isabelle: *„Necker, dieser Emporkömmling. Die Königin hat heftig protestiert, aber diesmal hat sich ihr erlauchter Gemahl, Ludwig, durchgesetzt."*
Joseph: *„Ja, es ist wie ein Wunder. Das hat ihn aber auch ein teures Collier gekostet."*
Isabelle: *„Was Du alles so weißt. Reiner Hofklatsch. Und wenn Du Recht haben solltest: So etwas zahlt Necker leicht aus seiner eigenen Schatulle."*
Joseph: *„Ja, er ist geschickt. Wie eine Made, die sich durch den Speck frisst."*
Isabelle: *„Für einen Ausländer hat er es weit gebracht. Ich werde Dir ein Geheimnis anvertrauen, Joseph, aber Du darfst es niemanden verraten. Necker hat wieder einmal die Spielschulden der Königin bezahlt. 100.000 Livres, die sie in einer einzigen Nacht verspielt hat."*
Joseph: *„100.000 Livres, dafür könnte ich mir ein Schiff und eine Plantage in Westindien kaufen."*
Isabelle (seufzend): *„Es ist furchtbar, der Hof von Versailles ist zu einer Spielhölle verkommen. Es ist die Leidenschaft der Königin. Kein Wunder, wenn sich ihr Gemahl, der König, öfter in seiner Bastelwerkstatt betätigt statt im Ehebett."*
Joseph: *„Aber Marie-Antoinette hat doch genug Verehrer, die ihr den Hof machen..."*
Isabelle (erschrocken): *„Schweige still. Oder willst Du im tiefsten Verlies der Bastille landen?"*
Joseph: *„Mir machen sie keine Angst mehr. Hörst Du nicht das Knirschen im Gebälk der Monarchie? Die Majestäten sollen nur aufpassen, dass sie nicht selbst in der Bastille landen."*
Isabelle: *„Jetzt reicht es aber, Joseph. Ich will kein Wort mehr hören. Geh lieber in die Küche und sieh nach, ob das Nachtmahl angerichtet ist. Und wenn es Kapaun gibt, dann vergiss nicht, etwas für uns auf die Seite zu tun. Und bring den roten Wein, den aus der Provence."*

Ende Januar 1789 erlässt Ludwig XVI. die Wahlordnung zu den Generalständen, in der er bestimmt, dass die Abgeordneten des Adels, des Klerus und des Dritten Standes getrennt gewählt werden sollen. Alle Mitglieder der Aristokratie, alle hohen und niederen Geistlichen sind wahlberechtigt. Beim Dritten Stand gehen die Wahlen in zwei Stufen vor sich. Wahlberechtigt sind alle mindestens 25 Jahre alten männlichen Franzosen, die einen festen Wohnsitz haben und direkte Steuern zahlen. Diese Bestimmung schließt 90 Prozent der erwachsenen Bevölkerung von der Teilnahme am politischen Entscheidungsprozeß aus, weil damals nur jeder zehnte Franzose ein hinreichendes steuerpflichtiges Einkommen besitzt. Die Vertretung des Dritten Standes besteht ausschließlich aus Bürgerlichen. Kein Bauer und kein Angehöriger der städtischen Unterklassen wird gewählt.

Während sich die Wahlen ihrem Ende zuneigen, kündigen sich bereits die Vorboten für die kommende Katastrophe an. Die Not der Erwerbslosen steigt ins Unerträgliche. Auch diejenigen, die Arbeit haben, hungern angesichts der horrenden Lebensmittelpreise. Am 28. April 1789 kommt es in der Pariser Vorstadt St. Antoine, von der noch zu sprechen sein wird, zu einem Aufruhr und zur Plünderung der Betriebe eines Tapetenfabrikanten und eines Salpeterherstellers, die man beschuldigt, sich in Wahlversammlungen über die Not des Volkes lustig gemacht zu haben. Mehrere 100 Arbeiter und Arbeitslose leisten dem Militär, das der Pariser Polizeipräsident zur Unterdrückung des Aufruhrs einsetzt, erbitterten Widerstand. Über 20 Tote und doppelt so viele Verwundete bleiben auf dem Platz; einige Anführer der spontanen Empörung werden zum Tode verurteilt und hingerichtet, andere auf die Galeeren geschickt.

Das Wahlergebnis zu den Generalständen zeigt, dass die revolutionäre Bewegung bereits Angehörige der privilegierten Stände ergriffen hat. Es werden 291 Geistliche, 270 Adelige und 578 Mitglieder des Dritten Standes gewählt. Über zwei Drittel Abgeordnete des Klerus sind Landpfarrer, die bürgerlichen Forderungen zuneigen. Auch etwa ein Drittel der gewählten Aristokraten sind bereit, mit dem Dritten Stand gemeinsame Sache zu machen, darunter der Marquis La Fayette, der, wie schon gesagt, in Amerika an der Seite Washington für die Unabhängigkeit der amerikanischen Siedler gekämpft hat.

Etwa die Hälfte der Abgeordneten des Dritten Standes sind Rechtsanwälte, darunter auch Robespierre, einer der interessantesten und brillantesten Köpfe der Revolution. In Zeiten des Absolutismus sind die wirtschaftlichen Aussichten vieler Advokaten trübe und sie hoffen, in der neuen Ordnung Karriere machen zu können. Mit etwa 100 Abgeordneten ist die Gruppe der Bankiers, Kaufleute und Industriellen vertreten. Über 50 wohlhabende Grundbesitzer, die von Bauern gewählt wurden, erscheinen ebenfalls als Repräsentanten des Dritten Standes; die übrigen sind Gelehrte, Publizisten, Ärzte, Offiziere und andere Mitglieder des Bildungsbürgertums.

Als diese Abgeordneten am 2. Mai 1789 dem König vorgestellt werden, gibt seine Majestät zu erkennen, dass er die traditionelle Unterscheidung der Stände beibehalten wolle und nicht gesonnen ist, eine Diskussion über den Staatsnotstand zuzulassen. Bei der feierlichen Eröffnungssitzung am 5. Mai legt Necker in seinem Rechenschaftsbericht kein politisches Programm vor, lässt die Verfassungsfrage völlig unbeachtet und äußert sich auch nicht darüber, ob nach Ständen oder nach Köpfen abgestimmt werden soll. Ihn interessiert – wer will es ihm verdenken – allein die Sicherung der Finanzen.

Die Regierung sucht nach wie vor, den Absolutismus aufrechtzuerhalten und will lediglich erreichen, dass die Generalstände die riesige Staatschuld beseitigen sollen. Damit versäumt sie die letzte Gelegenheit, ein Bündnis mit dem Dritten Stand einzugehen und eine bürgerlich-konstitutionelle Monarchie wie in England zu schaffen, wo das Bürgertum ein Jahrhundert zuvor in der „Glorreichen Revolution" sich den Adel als schmückende Spitze einverleibt, ihm seine politischen Privilegien zwar genommen, die sozialen Vorrechte aber gelassen hat.

Die Abgeordneten des Dritten Standes, die sich als Patrioten und Repräsentanten der öffentlichen Meinung verstehen, treten kühn auf und sind entschlossen, dem Privilegiensystem den Garaus zu machen. Einige Deputierte aus der Bretagne schließen sich im „Bretonischen Klub" zusammen, aus dem später der berühmt-berüchtigte Jakobinerklub hervorgehen wird. In Anlehnung an das britische Unterhaus legen sich die Deputierten des Dritten Standes die Bezeichnung „Abgeordnete der Gemeinen" zu, verweigern die befohlene Trennung nach den Ständen und rufen die Abgeordneten des Klerus und des Adels auf, sich ihnen anzuschließen. Nachdem eine Anzahl von Geistlichen zum Dritten Stand übergelaufen ist, beschließt dieser am 17. Juni mit einer Mehrheit von 490 zu 90 Stimmen, sich in eine Nationalversammlung umzuwandeln, deren Ziel die Ausarbeitung einer neuen Verfassung für Frankreich ist.

Die Gründung der Nationalversammlung

Dieser Beschluss, der die Souveränität vom König auf die Nation überträgt, ist ungeheuerlich und revolutionär, weil er an die Stelle der Privilegienordnung das moderne, auf

Rechtsgleichheit beruhende Repräsentativsystem setzt. Die Nationalversammlung beeilt sich, mit ihrem ersten Dekret die bourgeoisen Staatsgläubiger zu beruhigen, indem sie ihnen zusagen, für die Schulden des bankrotten Feudalsystems aufzukommen.

Am 19. Juni spricht sich der Klerus mit einer Mehrheit von zwölf Stimmen für die Vereinigung mit der neuen Nationalversammlung aus. Die Adeligen hingegen wollen nicht nachgeben und bedrängen den König, die Generalstände aufzuheben. Als die Abgeordneten der soeben konstituierten Nationalversammlung am 20. Juni ihr Sitzungslokal verschlossen finden, begeben sie sich in einen nahe gelegenen Saal, in dem die Versailler Adeligen ihre Ballspiele abzuhalten pflegten. Dort leisten sie den berühmt gewordenen „Ballhaus-Schwur" und verpflichten sich feierlich, „niemals auseinander zu gehen und sich überall zu versammeln, wo es die Umstände gebieten sollten, bis die Verfassung des Königreichs ausgearbeitet ist und auf festen Grundlagen ruht."

Drei Tage später befiehlt der König, diesen Beschluss aufzuheben. Doch die Versammlung lässt sich nicht einschüchtern, sie weigert sich und erklärt die Immunität ihrer Mitglieder. Sie lässt wissen, dass sie nur der Gewalt der Bajonette weichen werde. Ludwig, wie immer unentschlossen und nachgiebig, wenn er Widerstand spürt, steckt zurück und unterstellt damit faktisch seine Macht den Vertretern der Nation. Er empfiehlt dem Klerus und dem Adel, sich den Repräsentanten des Dritten Standes anzuschließen. Am 9. Juli beschließen die Abgeordneten, den Namen „Verfassungsgebende Nationalversammlung" anzunehmen. Dies bedeutet nichts weniger als die endgültige Grablegung der alten Ordnung und die Errichtung des ersten modernen Parlaments auf dem europäischen Festland – auch wenn das viele Zeitgenossen nicht wahr haben wollen.

Aber der König spielt ein doppeltes Spiel. Trotz seiner Konzessionen hofft er, die revolutionäre Versammlung mit Waffengewalt zu sprengen. Unter dem Vorwand, Volksunruhen vorzubeugen zu wollen, befiehlt er 20.000 Mann, darunter Schweizer und Deutsche Söldner, im Raum Versailles und Paris zusammenzuziehen. Diese Truppenbewegungen bleiben natürlich nicht unbemerkt. Die Volksmassen sind überzeugt, dass die Aristokratie ein Komplott schmiedet, um die Revolution in Blut zu ersticken. Tausende sammeln sich um die zahlreichen, auf allen Pariser Plätzen angebrachten Plakatanschläge, die vor Provokationen der Adeligen warnen.

In dieser nervösen, hochexplosiven Stimmung befindet sich die Stadt, als der König einen verhängnisvollen Fehler begeht und Jacques Necker, den populären Finanzdirektor, entlässt. Ja, er verbannt ihn sogar aus dem Land und ersetzt ihn durch den ultrakonservativen Höfling Breteuil. Das ist für die Bewohner von Paris der Beweis einer aristokratischen Verschwörung. Die ganze Stadt hält sich angesichts der Nachrichten der letzten Tage von den Soldaten des Königs für belagert und ist überzeugt, dass sie bald zerstört und zur Plünderung freigegeben wird. So stehen die Pariser nicht etwa auf, um die Nationalversammlung und ihre Errungenschaften zu retten, beileibe nicht. Ihre Erhebung ist nur die logische Folge ihrer Entschlossenheit, sich selbst zu retten.

Der Sturm auf die Bastille

Die Reaktion an diesem warmen Nachmittag des 12. Juli ist kurz entschlossen. Die Menge im Garten des Palais-Royal sammelt sich um spontan auftretende Redner und trägt dann im Triumph die Büste Neckers durch die Stadt. Auf dem Ludwig XV.-Platz kommt es zum Zusammenstoß mit der Kavallerie des aus deutschen Soldaten bestehenden Regiments Royal-Allemand. Daraufhin verlassen die Gardes-Françaises ihre Kasernen und schließen sich dem Aufstand an. In der Nacht werden die französischen Soldaten auf das Marsfeld zurück befohlen, bleiben fortan passiv. Spätestens jetzt wird deutlich, dass sich der König auf seine Truppen nicht verlassen kann.

Unterdessen zerstört das Volk die Ämter des Stadtzolls und vertreibt die königlichen Zolleinnehmer. Tausende stehen vor dem Rathaus und rufen nach Waffen. Die Wahlmänner der Pariser Distrikte bilden einen Ständigen Ausschuss, in dem sie die Mehrheit haben, und beschließen die Aufstellung einer Bürgermiliz zur Wahrung der öffentlichen Sicherheit. Das ist die Geburtsstunde der Nationalgarde.

Eine ganze Stadt wacht. Als der Morgen des 14. Juli graut, drängt es das Volk, inzwischen mit Gewehren bewaffnet, zur verhassten Bastille, einer mittelalterlichen Zwingburg, die als Staatsgefängnis dient und als Symbol des Despotismus gilt. Die Mauern dieser Festung sind 30 Meter hoch, der wassergefüllte Graben 25 Meter breit.

Der Gouverneur der Bastille, Launay, verfügt nur über eine kleine Garnison von 80 Invaliden und 30 Schweizergarden. Er hat die Vorhöfe geräumt und sich hinter den Gräben verschanzt. Er verspricht einer Abordnung des Rathauses, nicht zu schießen, wenn er nicht angegriffen wird. Aber gegen ein Uhr mittags gelangt die Menge durch die Höfe bis an die Zugbrücke. Launay fühlt sich bedroht und gibt seinen Soldaten den Feuerbefehl. Die Schießerei ist mörderisch für die Belagerer, etwa 100 Mann werden niedergestreckt. Das Volk schreit „Verrat“ und schwört Rache.

Im Rathaus weckt die Meldung des Massakers die Wut des Volkes. Etliche Bürger und 300 Soldaten schleppen vier am Morgen erbeutete Kanonen zur Bastille und bringen sie vor der Zugbrücke in Stellung. Es ist fünf Uhr. Launay bietet die Übergabe der Burg an. Die Belagerer nehmen die Kapitulation an. Kaum sind die Brücken heruntergelassen, drängt die Menge ins Innere, und es beginnt die lange Reihe der grauenhaften Massaker, die auf Jahre hinaus alle großen Tage der Revolution und alle gegenrevolutionären Erhebungen kennzeichnen werden. Drei Offiziere der Besatzung und drei Soldaten werden ermordet. Launay, den man halbtot die Seine-Kais entlang geschleift hat, wird am Grève-Platz gelyncht.

Weder die Revolutionäre noch der Hof kommen auf den Gedanken, dass die Bastille, dieses gewaltige, fast leere Gefängnis, schon Schauplatz der entscheidenden Schlacht gewesen sein könnte. Tatsächlich gehen die Unruhen während der nächsten Tage weiter, genährt von wilden Gerüchten und von der kollektiven Angst.

Am Tag der Erstürmung der Bastille bedrängen die Königin und der jüngere Bruder des Königs, der Graf von Artois, Ludwig, sich nach Metz in den Schutz zuverlässiger Truppen zu flüchten. Der ältere der beiden Brüder, der Graf von der Provence, ist gegenteiliger Meinung. Und wieder schwankt der Herrscher, zögert unentschlossen. Er entscheidet sich zum Bleiben, also zum Nachgeben. Am 15. Juli kündigt er der Nationalversammlung persönlich den Abzug der Truppen an. Die Abgeordneten klatschen Beifall.

Am 16. Juli ruft Ludwig Necker zurück, dem er fünf Tage zuvor den Abschied gegeben hatte. Am selben Tag hat La Fayette den Befehl über die Nationalgarden übernommen. Am Tag darauf, am 17. Juli, begibt sich Ludwig XVI. persönlich nach Paris, umbrandet von einem großen Volksauflauf, geleitet von der Nationalgarde. Der Empfang ist ziemlich kühl. Aber bei der Rückfahrt vom Rathaus, wo der König die dreifarbige Kokarde getragen hat, kommt Beifall auf. Denn die Trikolore trägt die Farben der französischen Hauptstadt: Blau und Rot, und dazwischen die weiße Farbe der Bourbonendynastie.

Die Revolution hat gesiegt und eine erste Welle der Emigranten flüchtet sich ins Ausland. Der Bruder des Königs, der Graf von Artois, die Prinzen von Condé und Conti, der Marschall von Broglie und die Polignacs haben sich in der Nacht vom 15. auf den 16. Juli aus dem Staub gemacht. In Versailles bildet das riesige, halbverwaiste Schloss einen melancholischen Rahmen für die königlichen Gewohnheiten. Der Nordflügel, in dem die Condés gewohnt haben, ist fast ausgestorben. Der Südflügel, der Flügel der Lebensfreude, in dem der Graf von Artois und die Polignacs lebten, bleibt verschlossen.

Schwere Zeiten für die Menschen am Hof. Der gewohnte, wenn auch oft verhasste Tagesablauf ist vorbei. Unsicherheit macht sich breit:
Isabelle (seufzt): *„Was sind das bloß für Zeiten, Joseph, nichts ist mehr so, wie es einmal war. Was soll bloß werden, wenn das Volk von Paris Politik macht und nicht die Minister des Königs?“*
Joseph: *„Was soll dieses Jammern? Wir leben in einer glorreichen Epoche, vive la Revolution! Wir werden die Aristokraten aus ihren Palästen vertreiben, ihre Privilegien*

auf den Müll der Geschichte werfen. Gleichheit, Freiheit, Brüderlichkeit. Das sind die heiligen Parolen der Nationalversammlung. Wir zerreißen die Ketten, die uns seit Jahrhunderten zu Gefangenen gemacht haben."
Isabelle: *„Das klingt ja alles sehr heroisch. Aber wovon soll ich Brot kaufen, wenn meine Herrin mich entlässt? Wo habe ich ein Dach über dem Kopf, wenn der Pöbel das Schloss stürmt und meine Herrschaft vertreibt?"*
Joseph: *„Sei nicht so kleinmütig, Isabelle. Bist Du etwa zur Sklavin geboren und willst du als Sklavin sterben? Ich werde noch heute Versailles verlassen und mich im Klub der Jakobiner melden. Die Revolution braucht Patrioten wie mich."*
Isabelle (ängstlich): *„Und wovon willst Du Brot und Wein kaufen, wovon Dein Hemd?"*
Joseph: *„Die Luft der Freiheit wird mich sättigen, der Geist der Revolution wird mich kleiden. Und Wein werden mir die Bürger von Paris spendieren. Nur die Kleinmütigen und Ängstlichen sorgen sich um die Zukunft."*
Isabelle (resigniert): *„So tu, was Du nicht lassen kannst. Aber komm' in der Nacht nicht angeschlichen und bettle um die Reste von der Tafel der Königin!"*
Joseph: *„Ein Revolutionär bettelt nicht. Er fordert. Und er kämpft. Leb wohl, meine liebe. Zögere nicht zu lange, mir zu folgen. Die Klasse, der Du dienst, ist dem Untergang geweiht."*
Isabelle: *„Adieu, Joseph. Nimm Dich in Acht. Die Agenten der Aristokratie sind überall und sie sind mächtig. Gib mir Nachricht, wo Du Quartier gefunden hast."*

Die Wirkung der Pariser Revolution auf das ganze Land ist gewaltig. In allen Städten werden neuc bürgerliche Magistrate gewählt und Nationalgarden gebildet. Überall sind die Not leidenden Unterklassen überzeugt, dass die

Aristokratie Getreide gehortet hat, um die Brotpreise in die Höhe zu treiben. Überall fordern sie die Abschaffung der indirekten Steuern und die Bestrafung der Kornwucherer. Ständig befürchten sie, dass das Adelskomplott sich der umherziehenden Räuberbanden bediene, um die ersehnte, nahe geglaubte Gleichheit aller Menschen zu verhindern.

Die Bauern bewaffnen sich, ziehen vor die Schlösser und Burgen der Adeligen und verlangen die Öffnung der Archive und Auslieferung der Urkunden, aufgrund derer sie Feudalabgaben zahlten müssen. Auf dem Dorfplatz oder im Walde entfachen sie Scheiterhaufen und verbrennen die alten Pergamente. Wird ihnen die Herausgabe verweigert, so zünden die Bauern das Herrenhaus an und hängen den starrköpfigen Besitzer auf. Oder sie ertränken ihn und seine Familie gleich im Dorfteich. Die Bauern bemächtigen sich der öffentlichen Gewalt im Dorf und jagen die Steuereintreiber oder ihre Agenten davon.

Freiheit, Gleichheit, Brüderlichkeit

Unter dem Druck der Bauernunruhen vollzieht die Nationalversammlung einen gesetzgeberischen Akt von folgenschwerer Bedeutung: Denn sie versetzt der ständischen Ordnung den Todesstoß. Die Abgeordneten erkennen, dass die Aktionen des Landvolks nicht mehr rückgängig zu machen sind und sanktioniert werden müssen, um die Einheit der revolutionären Kräfte nicht zu gefährden. Und weil die Abgeordneten so munter beim Abschneiden der alten Zöpfe sind, wird auch die Ausarbeitung einer geschriebenen Verfassung in Angriff genommen. Nach dem Muster der Verfassungsakte Virginias, der Deklaration der Unabhängigkeit der Vereinigten Staaten und der amerikanischen Verfassung von 1787 beschließt die Versammlung, an die Spitze der neuen französischen Konstitution eine feierliche Erklärung der Menschen- und Bürgerrechte zu stellen.

Vom 20. bis zum 26. August wird jeder einzelne der 17 Artikel eingehend beraten, die von Freiheit, Gleichheit und Brüderlichkeit ausgehen. Die Abgeordneten legen über 50 verschiedene Entwürfe vor. Auch Thomas Jefferson, einer der Väter der amerikanischen Unabhängigkeitserklärung, der 1789 Gesandter der Vereinigten Staaten am französischen Hof ist, wird bei den Beratungen herangezogen.

Die im Geist der Aufklärung abgefasste Deklaration, die polemischer, aggressiver und schärfer als ihr amerikanisches Vorbild ist, kann als Todesurkunde des alten absolutistischen Regimes gelten. Die Menschenrechtserklärung bekräftigt die naturrechtlichen, unabhängig vom Staat bestehenden Freiheiten. Sie beruht auf der Überzeugung, dass die Wohlfahrt des Gemeinwesens von der Rechtssicherheit und persönlichen Unverletzlichkeit jedes Einzelnen abhängt. Ihr erster Artikel betont, dass die Menschen frei und gleich an Rechten geboren werden und es bleiben. Der nächste Artikel enthält den Katalog der Menschenrechte: Freiheit, Sicherheit, Eigentum und Widerstand gegen Unterdrückung. Der Umstand, dass Eigentum als unverletzliches Naturrecht genannt wird, beweist den bürgerlichen Charakter des Dokuments. Von sozialen Bestimmungen, die für die Unterklassen von eminenter Bedeutung waren, findet sich in der Menschenrechtserklärung kein Wort.

Der König verweigert sowohl den Dekreten über die Abschaffung des Feudalwesens als auch der Menschenrechtserklärung seine Unterschrift. Um ihm entgegen zu kommen, gestatten ihm die Abgeordneten, sich in die Gesetzgebung einzumischen und Gesetze der Nationalversammlung, die ihm nicht passen, mit aufschiebender Wirkung während zweier Legislaturperioden aufzuhalten. Ludwig XVI. ist trotzdem nicht bereit, die Augustdekrete zu unterschreiben. Er hat sich, und das war der wirkliche Grund seiner Verweigerungshaltung, nur scheinbar mit der Umwälzung abgefunden. Noch immer will er, vor allem unter dem Einfluss seiner uneinsichtigen Gemahlin Marie-Antoinette, die revolutionäre Machtverschiebung rückgängig machen.

Der Anwalt Robespierre aus Arras, der inzwischen viel Einfluss im Klub der Jakobiner gewonnen hat, nennt dieses aufschiebende Veto „ein Ungeheuer, das moralisch und politisch gleich unfassbar“ sei. Und Jean Paul Marat, ein Arzt und Publizist, der schon am 1. Juli in einer Flugschrift das Volk zu revolutionärer Wachsamkeit aufgefordert hat, warnt in seiner neuen Zeitung „Der Volksfreund“, dass eine mächtige Fraktion in der Nationalversammlung das Werk der nationalen Erneuerung sabotieren wolle. Eine wahre Flut von Zeitungen, Flugblättern und Pamphleten berichtet nach Aufhebung der Zensur von konterrevolutionären Adelskomplotten und fordert die wegen der schlechten Versorgung hungernden und verzweifelten Volksmassen zu politischen Aktionen auf.

Diesem explosiven Gemisch fehlt nur noch der zündende Funke: Den liefert ausgerechnet die königliche Familie, vor allem die Königin, die in diesen stürmischen Tagen eine so unbesonnene Aktivität entfaltete, dass Ludwig XVI. – mit ihr verglichen – geradezu weise handelt, indem er wie gewohnt zur Jagd geht.

Am 1. Oktober haben die Offiziere der königlichen Leibgarde ihre Kameraden vom Flandrischen Regiment eingeladen. Gegen Ende des Essens, bei dem schon viele

Trinksprüche auf die Gesundheit der königlichen Familie abgegeben worden sind, erscheinen der König und die Königin, die den kleinen Dauphin auf dem Arm hält, in ihrer Loge. Mit lautstarken Ovationen werden sie empfangen und in ihre Gemächer zurück begleitet, wo die Offiziere sich in Gegenwart des Herrscherpaares die rot-weiß-blaue Kokarde herunterreißen und unter ihren Stiefeln zertreten. Ein ungeheuerlicher Affront gegen den Geist der Revolution, gegen die revolutionären Massen.

Paris erfährt zwei Tage später von dem Bankett der Leibgarde. Die Nachricht wirkt wie ein Vierteljahr zuvor die Meldung von der Entlassung Neckers: Der latente Aufruhr wird zur Empörung. Die Menschen fordern den Abzug des Flandrischen Regiments, von dem sie sich bedroht fühlen, und endlich die königliche Sanktion für die Dekrete der Nationalversammlung.

Am 4. Oktober, einem Sonntag, ist wieder einmal großer Menschenauflauf im Palais Royal. Die ersten Rufe „Nach Versailles!“ ertönen. Paris will Rache und Brot. Die Vorstellung, man könnte den König nach Paris holen, erscheint wie eine magische Garantie gegen den Hof und gegen den Hunger. Am folgenden Tag sammelt sich vor dem Rathaus ein Zug, der vor allem aus Frauen besteht. Marktweiber, Wäscherinnen, Frauen von Tagelöhnern. Die immer länger werdende Kolonne formiert sich unter dem Kommando des Gerichtsdieners Maillard, einem der Sieger des Sturms auf die Bastille, und marschiert in Richtung Versailles.

Nach dem Abzug der etwa 7.000 Frauen läuten die Sturmglocken und alarmieren die Nationalgarden. 15.000 bewaffnete Männer folgen dem Zug. Unter ihnen auch, sehr zögerlich, La Fayette, ihr Kommandant. Die Stadtverwaltung gibt ihm zwei Kommissare bei, die den Auftrag haben, den König mitzubringen. Sie treffen auf dem Weg nach Versailles auf keinen Widerstand. Es regnet unaufhörlich an diesem Montag im Herbst 1789. Die Frauen kommen durchnässt und verdreckt gegen halb fünf durch die Avenue de Paris nach Versailles hinein. Entschlossen drängen sie auf das Schlossgelände.

Der Marsch auf Versailles

Ludwig XVI., in aller Eile von der Jagd zurückgekehrt, empfängt eine Delegation der Frauen mit freundlichen Worten. Er verspricht, er werde Lebensmittel nach Paris schicken und lässt ihnen für die Rückfahrt Wagen bereitstellen. Aber die Menge weicht nicht, wartet in den Straßen von Versailles und im Sitzungssaal der Nationalversammlung. Am nächsten Tag kommt es zu Kämpfen zwischen Demonstranten und der königlichen Leibgarde. Ludwig, verstört und in die Enge getrieben, gibt dem Druck der Menge nach und erklärt sich bereit, Versailles zu verlassen und seine Residenz in das Schloss der Tuilerien, das im Herzen von Paris liegt, zu verlegen. Die Nationalversammlung fasst daraufhin den Beschluss, dem König zu folgen und von nun an in der Hauptstadt zu tagen.

Zum zweiten Mal innerhalb von drei Monaten haben die Aktionen des Volkes die konterrevolutionären Absichten des Hofes im Keim erstickt und dem Sieg des Bürgertums den Weg geebnet.

Der Marsch der Revolutionäre nach Versailles bringt auch unser Paar Isabelle und Joseph wieder zusammen. Isabelle ist von dem Wandel der Zeit völlig verstört.

Isabelle: „*Joseph, gehörst Du etwa auch zu den Banditen, die uns überfallen haben?*“
Joseph: „*Was Du da redest.... Wir überfallen niemanden. Wir bringen den König und seine Familie nach Paris, zum Volk.*“
Isabelle: „*Aber nach Paris. Was sollen wir in Paris? Wo soll der König jagen, wo soll er repräsentieren?*“
Joseph: „*Der König soll nicht jagen, er soll arbeiten, endlich den Gesetzen zustimmen, die das Parlament beschlossen hat.*“
Isabelle: „*Aber Ihr könnt doch die königlichen Hoheiten nicht wie eine Beute mit Euch führen.*“
Joseph: „*Keine Beute, der König soll an der Spitze des neuen Frankreich stehen und die blutsaugerischen Aristokraten unter seinen Stiefeln zertreten.*“
Isabelle: „*Ihr wollt die gottgewollte Ordnung zerstören.*“
Joseph: „*Dass ich nicht lache. Der Klerus steckt mit den Aristokraten unter einer Decke. Die Herren predigen Wasser und trinken Wein. Das kann der liebe Gott nicht gewollt haben.*“
Isabelle (jammernd): „*Wo soll das noch enden, wenn Ihr schon den Herrgott verunglimpft.*“
Joseph: „*Jetzt sei still, lass das Zetern. Hilf der Österreicherin packen. Es geht nach Paris, endlich. Aber bevor ich es vergesse: Hol mir geschwind ein Laib Brot aus der königlichen Küche, ich bin schier am Verhungern.*“
Isabelle: „*Ach Joseph, mir ist so bang vor der Zukunft. Gib' mir wenigstens noch einen Kuss, bevor ich mich eile.*“

Nach den Oktoberereignissen können die Menschen erst einmal Atem schöpfen. Das Land ist noch nicht organisiert, aber es ist fast vollständig erobert, das Spiel ist aus: Die Revolution hat gesiegt, das Ancien Régime hat verloren. Noch weiß niemand, wie die neue Staatsform aussehen wird, aber alle, bis auf das Herrscherpaar und die erzkonservativen

Aristokraten, spüren: Das Rad der Geschichte lässt sich nicht mehr zurück drehen. Mit dem 4. August und der Erklärung der Menschenrechte haben die Abgeordneten des einstigen Dritten Standes ihre Hauptziele erreicht. Die Rückkehr des Königs nach Paris gibt ihnen so etwas wie eine zusätzliche Garantie für ihre Sicherheit.

Unglaublich schnell ist alles gegangen. Ganze fünf Monate vom Zusammentreten der Generalstände bis zum Umzug des Königs ins Tuilerien-Schloss. Diese fünf Monate sind die wichtigsten in der Geschichte der Revolution, vielleicht in der Geschichte Frankreichs. Anders als 1917, als Lenin und die Bolschewiki die Form, die Bündnisse und den Rhythmus der großen Umwälzung im zaristischen Russland geradezu bewundernswert voraus gesehen haben, sind es in Frankreich aneinander gekettete Zufälle, die Fakten schaffen.

Am 6. Oktober 1789 sind König und Hof gezwungen worden, von Versailles nach Paris zu ziehen. Im alten Tuilerien-Palast, den die Monarchie seit Ludwig XIV. verlassen hat, tritt Ludwig XVI. sein neues Amt als verfassungsmäßiger König an. Das Schloss liegt quer zum langen Uferflügel des Louvres, zwischen dem jetzigen Tuileriengarten im Westen und dem Carrousel-Platz im Osten. Im Norden befinden sich jenseits der Rue Saint-Honoré die neuralgischen Zentren der Revolution, unter anderem der Jakobinerklub. Im Süden geht der Blick über den Tuilerienkai auf die Seine.

Ein armseliger und bedrückender Rahmen, verglichen mit Versailles! Die Räume sind nach einigen Tagen provisorischer Unterbringung so aufgeteilt worden, dass die Mitglieder der königlichen Familie möglichst nahe beieinander wohnen: Im Erdgeschoß liegen die Privatgemächer der Königin und das Arbeitszimmer des Königs, im Zwischenstock die Zimmer der Königin, im ersten Stock die Zimmer des Königs, des kleinen Dauphins, also des Thronfolgers, und von „Madame Royale“, des Töchterchens des Herrscherpaares. Trotz der beengten Räumlichkeiten überlebt die Etikette des alten Hofes ihre Zeit. Als das Privileg des „tabouret“, das nur wenigen vorbehaltene Recht, sich in Gegenwart des Königs und der Königin auf einen Schemel setzen zu dürfen, im April 1791 aufgehoben wird, verlassen zwei Herzoginnen unter Protest den Hof.

Der Hofstaat des Königs bleibt also bestehen, wenn auch die politischen und finanziellen Notwendigkeiten zu einigen Änderungen zwingen. Schon am 7. August 1790 wird das Sekretariat für den Hofstaat durch das Innenministerium ersetzt, dem die Hofverwaltung als weisungsgebundene Behörde unterstellt wird. Ab Oktober 1790 werden die Ausgaben aus einer Zivilliste bestritten, die von der Versammlung genehmigt und von einem Intendanten verwaltet wird. So sieht sich Ludwig XVI. im April 1791 gezwungen, eine gewisse Zahl von Hofämtern abzuschaffen. Der militärische Schutz wird seit Oktober 1789, seit dem Widerstand der Leibgarde in Versailles, von der Nationalgarde gewährleistet. Die traditionellen Hoftruppen – Leib- und Schweizergarden – existieren zwar weiterhin, aber sie wagen nicht, sich besonders auffällig zu zeigen.

Der Fluchtversuch des Königs

Unter diesen Umständen erwägt das königliche Paar bereits im Juni 1790 – allerdings ohne einen genauen Plan – die Möglichkeit der Flucht. Zwischen Februar und Mai 1791 lassen dann neue Ereignisse dieses Vorhaben immer dringlicher erscheinen. Im Februar emigrieren „Mesdames de France“, die Tanten des Königs, und erwecken den Argwohn der Revolutionäre. Als Ludwig am 18. April die Tuilerien für einen längeren Ausflug verlassen will, zwingt ihn die Volksmenge zur Umkehr. Jetzt ist er überzeugt, dass die Lage nur noch einen Ausweg zulässt, die Flucht. Um die ausländischen Mächte, deren Untätigkeit ihn bedrückt, zum Handeln zu zwingen, fasst Ludwig am 27. Mai seinen Entschluss: Am 19. Juni wird er aufbrechen. Im letzten Augenblick wird der Termin um 24 Stunden verschoben.

Drei Männer zeichnen für das Unternehmen verantwortlich. Baron de Breteuil, der nach dem 14. Juli emigriert ist, übernimmt die Aufgabe, die Zustimmung der ausländischen Mächte zu erwirken. Der Marquis de Bouillé, dessen eigentliche militärische Karriere sich im Siebenjährigen Krieg und im amerikanischen Unabhängigkeitskrieg abgespielt hat, ist dem König aufgefallen, weil er im August 1790 eine feste Hand beim Niederschlagen der Meutereien in der Armee bewiesen hat. Er hat sich um die militärischen Vorbereitungen zu kümmern. Die schwierigste Aufgabe obliegt Axel von Fersen, einem schwedischen Edelmann, der der Königin auf galante Weise sehr zugetan ist. Er besorgt die Fahrgelegenheit, kauft einer russischen Baronin, Frau von Korff, einen Reisewagen ab, den sie gerade bestellt hat. Außerdem lässt er zwischen den königlichen Gemächern geheime Zugänge durchbrechen.

Die Flucht ist alles andere als gut organisiert. Die Auswahl der Männer, das langsame Reisetempo und die Wachsamkeit der revolutionären Öffentlichkeit sind für ihr Scheitern ausschlaggebend. Bouillé hat den Herzog von Choiseul, einen schneidigen, aber unerfahrenen Oberst, nach Paris geschickt, um über die Sicherheit der Reisenden zu wachen. Am 20. Juni gegen drei Uhr nachmittags fährt er mit Léonard, dem Friseur der Königin, voraus, um in Pont-de-Somme-Vesle die Husarenabteilung zu treffen, die Bouillé als erste von mehreren Einheiten auf dem Weg aufgestellt hat.

Aber am 21. Juni gegen fünf Uhr nachmittags wird er nervös, weil die Anwesenheit der Truppe die Bauern schon unruhig macht und der König immer noch nicht gekommen ist. Er schickt Léonard weiter, um den folgenden Husarenabteilungen zu sagen, sie können absatteln und die Soldaten abtreten lassen. Er selbst schlägt, anstatt sich auf der direkten Straße zurück zu ziehen, mit seinen Reitern Seitenwege ein und versetzt nun auch die Bauern in den Dörfern abseits der Heerstraße in Aufregung.

Aber warum ist der König nicht gekommen? Bouillé hat zwei leichte Wagen vorgesehen. Die große Reisekutsche der Frau von Korff jedoch erforderte sechs Pferde und braucht entsprechend längere Wechsel an den 19 Poststationen, wo insgesamt rund 100 Pferde umgespannt werden müssen. Bouillé hatte vorgeschlagen, den Marquis d` Agoult, einen energischen Mann, mitzunehmen. Aber Marie-Antoinette wollte stattdessen lieber die Gouvernante der beiden Kinder, Madame de Tourzel, dabei haben. Und als sich Fersen anbietet, lehnt Ludwig ab. Ganz so einfältig, dass er die Romanze zwischen diesem Schweden und seiner Gemahlin nicht bemerkt hätte, dürfte er wohl nicht gewesen sein.

Bouillé hat den Zeitplan genau festgelegt und das Eintreffen des Königs in Pont-de-Somme-Vesle für drei Uhr nachmittags vorgesehen. Aber schon bei der Abfahrt – um 2 Uhr 30 früh statt um Mitternacht – hielt sich die königliche Familie nicht daran. Unterwegs wird die Verspätung noch größer, weil der König, endlich aus Paris entkommen, die wieder gewonnene Freiheit genießen will und häufig anhalten lässt, um sich immer wieder die Beine zu vertreten. Als er endlich in Pont-de-Somme-Vesle eintrifft, ist es 6 Uhr 30, und die Husaren sind nicht mehr da.

Von nun an ist das Verhalten der Bevölkerung entscheidend. In Sainte-Menehould, wo die Dragoner nicht bereit stehen, meint der Posthalter Drouet den König zu erkennen. Aber er ist sich seiner Sache nicht sicher und läßt die Kutsche weiterfahren. Der Argwohn, den die unerklärliche Anwesenheit der Truppen überall geweckt hat, veranlasst die Ortsverwaltung von Sainte-Menehould zum Handeln: Sie schickt Drouet mit einem Begleiter hinter den Reisenden her.

Diese eigenmächtige Initiative einer kleinen Ortschaft spricht Bände. Das revolutionäre Frankreich ist kühn und misstrauisch geworden. In Sainte-Menehould und in Clermont werden die königlichen Soldaten nicht nur von der Nationalgarde, sondern auch von der Bevölkerung entwaffnet. In Varennes, wo der schwere Wagen gegen 11 Uhr am Abend eintreffen, verzögert sich die Weiterfahrt um eine halbe Stunde, weil frische Pferde gebraucht werden. So kann Drouet die königliche Familie überholen, die Stadtverwaltung alarmieren und die Brücke über die Aire sperren lassen. Ludwig, immer noch der König der Franzosen, sitzt in der Falle. Seine Rückführung nach Paris muss für ihn und Marie-Antoinette eine entsetzliche Demütigung gewesen sein.

Der Volksbewegung verleiht die Flucht der Herrscherfamilie enormen Aufrieb. In den revolutionären Klubs wird Ludwig zum Feind der Nation erklärt, die sofortige Abschaffung der Monarchie und die Errichtung einer Republik gefordert. Die radikale Zeitung „Révolution de Paris“ verlangt, dem

König als Staatsverbrecher und Hochverräter den Prozess zu machen.

Doch den bürgerlichen Abgeordneten liegt daran, die Revolution schleunigst zu beenden, um ihre Besitztümer zu bewahren und ein erneutes Eingreifen der Volksmassen zu verhindern. Da das fast fertige monarchistische Verfassungswerk bei der Absetzung des Königs zu scheitern drohte, setzte die Versammlung die Fiktion in Umlauf, der König und seine Familie hätten nicht zu fliehen versucht, sondern seien von Aufwieglern entführt worden. Die königliche Familie wird unter Hausarrest gestellt, Ludwig bis zur endgültigen Klärung der Fluchtaffäre suspendiert. Das Prestige des Königs hat unheilbaren Schaden erlitten.

Und wie erlebt der nun völlig verstörte und zutiefst beunruhigte Hofstaat die prekäre Situation? Ein weiteres Treffen von Isabelle und Joseph, beide nun in Paris wieder vereinigt, gibt darüber einen guten Eindruck.
Isabelle: „Joseph, wie traurig sind die Zeiten geworden. Keine glanzvollen Bälle mehr, das Lachen ist zwischen den Wänden dieses scheußlichen Palastes verschwunden. Das Kissen der Königin ist oft ganz feucht von den vergossenen Tränen, und der König ist seit der misslungenen Flucht nur noch in düsterer Stimmung."
Joseph: *„Der König ist ein Verräter, und die Österreicherin eine Hure. Sie gehören vor Gericht und verurteilt."*
Isabelle: *„Wie kannst Du nur so reden, versündige Dich mit Deinen Worten nicht am königlichen Geblüt."*
Joseph (äfft nach): *„Königliches Geblüt, wenn ich das schon höre. Ein entmachteter Tyrann, ein Parasit des Volkes, das ist der König. Einer, der mit den Feinden der Revolution paktiert. 100.000 Freiwillige sind von der Nationalversammlung an die Nordgrenze nach Belgien geschickt worden, um*

die Österreicher aufs Haupt zu schlagen, die uns wieder zu Sklaven machen wollen.“
Isabelle: „*Was Du wieder so daher redest. Ganz Europa wird Frankreich dem Erdboden gleich machen, wenn der königlichen Familie auch nur ein Haar gekrümmt wird.“*
Joseph: „*Sollen sie doch kommen, die Österreicher und die Preußen. Mit bloßen Fäusten werden wir sie aus dem Land treiben, ihre eigenen Völker werden uns dabei unterstützen.“*
Isabelle: „*Ach, Joseph, was können schon Fäuste gegen Kanonen ausrichten?“*
Joseph: „*Mehr als Du glaubst. Der Geist der Freiheit und Brüderlichkeit wird uns die Kraft gebenn, die Feinde Frankreichs zu zerschmettern. Niemand kann die Revolution mehr aufhalten, schon gar nicht die Würmer der Aristokratie. Isabelle, konntest Du etwas aus der Küche für mich beiseite schaffen? Der Brotpreis ist schon wieder gestiegen, Fleisch und Geflügel unerschwinglich teuer geworden.“*
Isabelle: „*Die Zeit der 27 Gänge ist nun auch bei uns vorbei. Aber nimm diesen Korb mit dem Laib Brot und dem kalten Huhn und lass Dich von den Wachen nicht erwischen. Die verprügeln Dich und nehmen Dir die Vorräte ab.“*
Joseph: „*Danke, Cherie. Und nächste Woche kommst Du mit mir, in den Klub der Jakobiner. Damit auch Du den Geist der neuen Zeit in Dir aufnehmen kannst.“*
Isabelle: „*Adieu Joseph, Liebster. Der Morgen graut, Du musst verschwinden. Es ist Zeit, den Ofen in den königlichen Gemächern anzuheizen.“*
Joseph: „*Sollen sie doch erfrieren, die Blutsauger.“*
Isabelle: „*Still, küss mich und halt mich noch einmal fest.“*

Einmischung von außen

Die Vorstellung, die Revolution an der erreichten Stufe anzuhalten, ist illusorisch. Die herrschende Bourgeoisie wird von zwei Seiten bedrängt: von der Gegenrevolution, die sich durchaus nicht geschlagen gibt, und von den Volksmassen in Stadt und Land, die Forderungen nach spürbaren materiellen Verbesserungen aufstellen. Im Herbst 1791 setzt in ganz Frankreich eine neue Welle von Unruhen ein. In vielen Gegenden rebellieren die Bauern, einige Schlösser adeliger Emigranten werden in Brand gesteckt. In den Städten kommt es zu Plünderungen von Märkten und zu Überfällen auf Getreidetransporte. Läden werden gestürmt, weil die Bewohner der Elendsviertel angesichts der Geldentwertung nicht Brot und andere Lebensmittel kaufen können.

Die Unruhen erfassen auch die französischen Kolonien in der Karibik. Schon 1790 ist es hier zu einem Aufstand gekommen, weil das Befreiungsversprechen der Menschenrechtserklärung nicht auf die in den Zucker- und Kaffeeplantagen Haitis arbeitende farbige Sklavenbevölkerung ausgedehnt worden ist. Unter der Führung eines außergewöhnlich fähigen und intelligenten Schwarzen, Toussaint-Louverture, eines ehemaligen Kutschers, erheben sich im August 1791 die Negersklaven Haitis. Sie entreißen der Aristokratie der Pflanzer das Land und beginnen, selbstständige staatliche Institutionen zu errichten.

Die Verschärfung der Klassenkonflikte in Frankreich und in den französischen Kolonien erhält einen besonderen Akzent durch die Erhöhung der außenpolitischen Spannungen. Seit der misslungenen Flucht des Königs ist die Revolution keine innerfranzösische Angelegenheit mehr. Die Gefahr besteht, dass es zu einem Krieg mit Anrainerstaaten kommt. Die emigrierten Aristokraten Frankreichs, die in Koblenz ihr Hauptquartier aufgeschlagen haben, drängen die Mächte zu bewaffneter Intervention. Die Fürsten Europas im Allgemeinen und die deutschen Teilstaaten im Besonderen befürchten das Übergreifen des revolutionären Funkenfluges auf ihre Länder und treffen Anstalten, den Brandherd löschen zu wollen.

Die Höfe in Wien und Berlin begraben ihre alten Streitigkeiten. Ende August 1791 kommen Kaiser Leopold II. und der König von Preußen, Friedrich Wilhelm II., im sächsischen Schloss Pillnitz zusammen, und erklären ihre Bereitschaft, „die wirksamsten Mittel anzuwenden", um König Ludwig XVI. „in Stand zu setzen, die Grundlagen seines monarchischen Regimes zu festigen". Allerdings knüpfen sie an ihre militärische Einmischung die Bedingung, dass auch andere Mächte daran teilnehmen.

Dies ist eine indirekte Aufforderung an England, die Invasion Preußens und Österreichs finanziell zu unterstützen. Dazu ist die englische Regierung (noch) nicht bereit, weil sie die französische Revolution als willkommene politische und wirtschaftliche Schwächung des Rivalen ansehen. Der Pillnitzer Aufruf zu einem antirevolutionären Kreuzzug wird in Frankreich jedoch ernst genommen und trägt zur Entfachung einer Kriegspsychose bei.

Die Nachrichten vom Säbelgerassel der royalistischen Emigranten in Koblenz und von den Rüstungen Österreichs und Preußens zur Vorbereitung einer bewaffneten Intervention werden von verschiedenen politischen Gruppierungen Frankreichs aus unterschiedlichsten Motiven nicht ungern vernommen: Ludwig XVI. und Marie-Antoinette wünschen den Krieg, weil sie glauben, dass die Revolutionstruppen bei einem Kampf gegen die gut gedrillten Armeen Preußens und Österreichs den kürzeren ziehen würden und es ihnen so gelingen werde, nach einer Niederlage Frankreichs den Absolutismus wiederherzustellen. „Die bewaffnete Macht hat alles zerstört, die bewaffnete Macht kann alles wieder gut machen“, schreibt die Königin am 8. September 1791 an ihren Bruder in Wien, dem Kaiser Leopold II., und drei Monate später erbittet Ludwig XVI. in einem persönlichen Brief die Waffenhilfe des Preußenkönigs.

La Fayette und die vielen hohen Offiziere hoffen auf einen Sieg Frankreichs. Sie glauben, dass sie dann höchste Machtpositionen erringen werden und sowohl dem Hof als auch der Legislative und der Volksbewegung ihren Willen aufzwingen können. Die bürgerlichen Abgeordneten, der Besitzstand also, hoffen, dass der Krieg einen Sturm nationaler Begeisterung entfachen, von den inneren Sozialkonflikten ablenken und die Revolution über die französischen Grenzen tragen werde. Auch wirtschaftliche Motive sind maßgebend: Der Geschäftsbourgeoisie, die auf große Heereslieferungen hofft, ist daran gelegen, durch Kriegskonjunktur Gewinne einzufahren.

Die Deutsch-Österreichische Allianz

Am 7. Februar 1792 schließen Kaiser Leopold II. und der Preußenkönig Friedrich Wilhelm II. eine Militärkonvention und verpflichten sich im Falle eines französischen Angriffs jeweils 20.000 Mann ins Feld zu schicken. Einige Tage später wird der Herzog von Braunschweig zum Oberbefehlshaber der preußischen Streitkräfte ernannt. Die Militärs beginnen in Berlin, den Plan für die Sommeroffensive auszuarbeiten.

Die Pariser Legislative, die die lautstarke Hetze der geflohenen Aristokraten gegen die Revolution als Hauptursache des Krieges sieht, beschließt nun, das Vermögen der Emigranten zu beschlagnahmen und den Erlös daraus zur Finanzierung des Krieges zu verwenden.

Am 1. März 1792 stirbt Kaiser Leopold II., der sich ungern und nur zögerlich in die kriegerischen Vorbereitungen hat ziehen lassen. Sein Sohn und Nachfolger Franz II., der von panischer Jakobinerfurcht besessen ist, hat nicht die geringste Absicht, den französischen Revolutionären, die seine Untertanen zum Aufstand aufrufen, irgendwelche Konzessionen zu machen. Er läßt ein Ultimatum unbeantwortet, in dem die französische Regierung Österreich zur Verminderung der Truppenstärke und Einschränkung der Rüstungen in Belgien auffordert. Am 3. April versichert er dem designierten preußischen Oberbefehlshaber, dem Herzog von Braunschweig, dass er alles tun werde, um die französische Monarchie zu retten und „Europa vor dem Umsichgreifen der Anarchie zu bewahren."

In einem irrationalen Begeisterungstaumel erklärt die französische Legislative am 20. April 1792 dem „König von Ungarn und Böhmen", Franz II., den Krieg. Obwohl sie es vermieden hat, den Kaiser als Oberhaupt des „Heiligen Römischen Reiches deutscher Nation" zu bezeichnen, schlägt Preußen die Möglichkeit der Neutralität aus und erklärt einige Wochen später ebenfalls im Kriegszustand mit Frankreich zu sein.

Dieser Krieg wird, entgegen allen Erwartungen seiner Urheber, mit geringen Unterbrechungen fast ein Vierteljahrhundert währen und erst 1815 enden. Er sollte den revolutionären Umsturz in Frankreich selbst entscheidend vertiefen und die politischen und gesellschaftlichen

Verhältnisse auf dem gesamten europäischen Kontinent umwälzen. Sein erstes Opfer ist die Monarchie Ludwigs des XVI.

Die Hymne der Marseillaise

Von patriotischer Begeisterung erfüllt, dichtet und komponiert der Hauptmann Rouget de Iisle am 25. April 1792 im Hause des Bürgermeisters Dietrich in Straßburg einen mitreißenden Kriegsgesang für die Rheinarmee. Dieser zündende Appell der Revolution wird von einem Freund Dietrichs nach Südfrankreich gebracht. Drei Monate später, Ende Juli, singen die Freiwilligen aus Marseille, die in Paris einmarschieren, das Lied, das als Marseillaise Unsterblichkeit erringen wird und im Jahre 1879 zur französischen Nationalhymne erklärt wird.

Die Hoffnung der Franzosen auf einen schnellen und siegreichen Überraschungsangriff in Belgien, der den Krieg entscheiden soll, bevor die Preußen und Österreicher ihre Streitkräfte mobilisieren, schlägt fehl. Für den radikalen Abgeordneten Robespierre, der als einziger vor dem Krieg gewarnt hat, ist das keine Überraschung. Fast zwei Drittel der adeligen Armee-Offiziere sind emigriert; die Waffenvorräte unzureichend, die Disziplin der Truppe zerrüttet und die Moral miserabel. Den kommandierenden Feldherren, darunter auch La Fayette, fehlt jedes Format. Die Generäle Biron und Dillon befehlen beim ersten Gefecht an der belgischen Grenze den Rückzug. Letzterer wird dann sogar von seinen eigenen Soldaten erschlagen. Einige Armee-Einheiten, die aus fremden Söldnern bestehen, laufen geschlossen zu den Österreichern über. Ein völliges Debakel.

Die Revolution ist durch die militärische Niederlage in Gefahr geraten. Diese alarmierende Erkenntnis treibt die Leute wieder auf die Straßen, radikalisiert sie. Die niemals erloschene Überzeugung von einem Komplott der Aristokraten gewinnt wieder an Boden. In dieser Situation meldet sich die Pariser Sansculotterie zu Wort und wird zur politischen Kraft, der in den nächsten beiden Jahren die entscheidende Rolle zufallen wird.

Die Sansculotten, die die Pariser Sektionsversammlungen und Volksgesellschaften zahlenmäßig dominieren, sind vorwiegend Lohnabhängige, die in zahlreichen Kleinbetrieben beschäftigt sind oder andere untergeordnete Arbeiten verrichten: Kleinhändler und Krämer, Handwerksgesellen und Hilfsarbeiter, Lehrlinge und Dienstboten, Fuhrleute und Tagelöhner, Holzträger und Wäscherinnen. Schlicht: das Proletariat. Ihr Name erklärt sich aus ihrer Kleidung: Die Sansculotten tragen keine Kniehosen – Culottes – wie die Aristokraten, sondern vielmehr lange Arbeitshosen: Pantalons.

Ihr verbindendes Element ist vor allem der Hass und die Feindschaft gegen den Adel und die Reichen sowie die Hoffnung, dass ihnen die Revolution zu einem menschenwürdigen Leben verhelfen werde. Man kann es auch anders sagen: Sie wollen auch ihr Stück vom Kuchen, der in diesem Fall Revolution heißt.

Währenddessen beginnt im Rheinland, nahe der französischen Grenze, der Aufmarsch der verbündeten Armeen Preußens und Österreichs sowie eines Emigrantenkorps unter dem Prinzen von Condé, einem Vetter Ludwig XVI.. Der Beginn der militärischen Intervention steht unmittelbar bevor. Am 11. Juli erklärt die Nationalversammlung das

Vaterland in Gefahr, ruft alle Nationalgarden zu den Waffen und lässt neue Freiwilligenbataillone ausheben. 15.000 Pariser melden sich zum Militärdienst. Die Sektionsversammlungen der Sansculotten, die ununterbrochen tagen, bilden ein Zentralkomitee und fordern die Absetzung des Königs.

Diese Forderung erheben auch Robespierre, Danton und Marat, die sich im Jakobinerklub an die Spitze der Volksbewegung stellen und die Errichtung einer Republik verlangen. In völliger Verkennung des politischen Kräfteverhältnisses und der Volksstimmung in Frankreich drängt die Königin Marie-Antoinette den kaiserlichen Gesandten Österreichs in Paris, Mercy d`Argenteau, seinen Einfluss auf die royalistischen Emigranten geltend zu machen, um den Jakobinern durch ein Manifest vor Beginn des militärischen Einmarsches in Frankreich Schrecken einzujagen.

Dieses Manifest, ein taktisch völlig verfehltes und arrogantes Emigrantenprodukt, wird vom Befehlshaber der alliierten Streitkräfte, dem Herzog von Braunschweig, am 25. Juli 1792 erlassen und besiegelt das Schicksal der französischen Monarchie. Das Manifest droht allen Offizieren und Soldaten, die der Invasionsarmee Widerstand leisten, mit dem Standrecht. Es fordert alle Franzosen auf, sich unverzüglich ihrem rechtmäßigen Fürsten zu unterwerfen und macht die Mitglieder der Nationalversammlung und des Pariser Gemeinderats dafür verantwortlich, dass der königlichen Familie kein Haar gekrümmt werden soll. Andernfalls sollen sie „von einem Kriegsgericht ohne Hoffnung auf Begnadigung verurteilt“ werden. Paris habe sonst „eine beispiellose und für alle Zeiten denkwürdige Rache“ zu gewärtigen, die Stadt sei „einer militärischen Exekution und einem gänzlichen Ruin“ preiszugeben.

Dieses Manifest wird am 1. August in Paris bekannt und bewirkt das Gegenteil der Einschüchterung, mit der der Hof gerechnet hatte. Der Bürgermeister Petion verlangt im Namen von 47 der 48 Pariser Sektionen die sofortige Absetzung des Königs. Die Erregung erreicht den Siedepunkt, als die Vertreter des radikalen Flügels im Jakobinerklub das Volk zur Rettung der Revolution aufrufen. In der Nacht vom 9. zum 10. August 1792 läuten die Sturmglocken, und zehntausende von Sansculotten und Patrioten aus ganz Frankreich, die in den letzten Wochen als freiwillige „Föderierte“ zur Verstärkung der Volksbewegung in die Hauptstadt gekommen sind, greifen zu den Waffen und ziehen vor die Tuilerien.

Die Revolution wird radikaler

Die Sektionen von Paris entsenden Bevollmächtigte ins Rathaus, die den Gemeinderat auflösen und eine neue revolutionäre „Kommune“ errichten. Dieser außerhalb der gesetzlichen Prozedur durch Volksbeschluss gebildete Gemeinderat wird zum wichtigsten Instrument des Aufstandes und wird in den nächsten zwei Jahren eine wichtige politische Rolle spielen. Die neue Kommune entlässt die Kommandanten und Offiziere der Nationalgarde und ernennt verlässliche Revolutionäre an ihrer Stelle.

In den Tuilerien räumt die Nationalgarde, die den König schützen sollte, ihre Stellungen und geht teilweise zu den Aufständischen über. Die Schweizergarden hingegen empfangen die Angreifer mit Gewehrsalven, es kommt zu wilden Kämpfen im Inneren des Königsschlosses. Nachdem die Sansculotten und ihre föderierten Hilfstruppen Kanonen in Stellung gebracht haben, ergeben sich die Schweizer. Die meisten werden von der rasenden Menge umgebracht. Die Volkskämpfer zählen mehrere hundert Tote und Verwundete.

Der König und seine Familie begeben sich in den Sitzungsraum der Nationalversammlung. Dort werden die einstweilige Amtsenthebung des Königs und die Arretierung der königlichen Familie beschlossen. – Der 10. August 1792 ist einer der Entscheidungstage der Revolution. Seine Bedeutung überragt sogar den 14. Juli 1789, als das Pariser Volk zum ersten Mal die Revolution gerettet hat. Ist damals durch die Erstürmung der Bastille nur das Symbol des Despotismus vernichtet worden, so ist diesmal der Thron selbst gestürzt und die Institution der Monarchie beseitigt.

Beim Bastillesturm und auch bei der Rückführung des Königs von Versailles nach Paris am 6. Oktober 1789 hat es keine direkte Zusammenarbeit zwischen der konstituierenden Nationalversammlung und den revolutionären Volksmassen gegeben. Diesmal ist es anders. Jetzt schließen die bürgerlichen und volksverbundenen Intellektuellen im Jakobinerklub ein Bündnis mit den Sansculotten, um dem fortgesetzten Verrat der Konterrevolution eine Ende zu setzen und die demokratischen Errungenschaften zu sichern.

Die Sansculotten schaffen sich in den Versammlungen ihrer Sektionen und in der Pariser Kommune revolutionäre Institutionen. Das Erscheinen der Sansculotten in der politischen Arena ermöglicht den Sieg. Er ist ein Sieg der Bourgeoisie, denn nur diese vermochte aufgrund ihrer ökonomischen und geistigen Macht die Revolution politisch zu lenken. Obwohl die Interessengegensätze zwischen Jakobinern und Sansculotten immer erkennbar sind, festigt der gemeinsam unternommene Sturz der Monarchie das Bündnis zwischen bürgerlichen und proletarischen Demokraten, das über ein Jahr anhalten und den endgültigen Triumph der Revolution über ihre inneren und äußeren Feinde sicherstellen sollte.

Unser Bedienstetenpaar Isabelle und Joseph ist mittendrin in den revolutionären Wirren. Selbst die royalistische Isabelle beginnt nun umzudenken.
Joseph: *„Endlich ist die Revolution vollendet. Der König ist entmachtet, seiner österreichischen Hure sind die Krallen gezogen. Und La Fayette, dieser Verräter, ist zu den Österreichern übergelaufen. Er hat von Anfang an ein falsches Spiel betrieben."*
Isabelle: *„Ausgerechnet La Fayette. Der letzte Kavalier der Königin. Als Madame davon hörte, brach sie in Tränen aus und rief: Jetzt ist alles verloren."*
Joseph: *„Da hat sie ausnahmsweise einmal die Wahrheit gesagt."*
Isabelle: *„Auch ihr Beichtvater, Pater Jean, ist fort. Er wollte nicht den Eid auf die neue Regierung leisten und wurde auf die Teufelsinseln verbannt."*
Joseph: *„So geschieht es jedem, der sich gegen die Revolution stellt."*
Isabelle: *„Joseph, was wird bloß aus mir werden?"*
Joseph: *„Quittiere Deinen Dienst, und schließe Dich uns Sansculotten an. Vor uns zittert Europa, wir bauen eine neue Gesellschaft auf. Werde Gleiche unter Gleichen."*
Isabelle: *„Gerade jetzt kann ich die Königin nicht im Stich lassen. Gestern sah sie mich so merkwürdig an. ‚Isabelle', sagte sie, ‚Du bist mein letztes Juwel. Auf Dich kann ich mich immer verlassen.'"*
Joseph: *„Dummes Geschwätz. Hast Du das Manifest vergessen, was sie durch den Herzog von Braunschweig verbreiten ließ? Der Rachegesang einer Hexe war das. Dafür muss sie bezahlen."*
Isabelle: *„Ich würde so gerne mit Dir gehen, Joseph. Allein, ich kann nicht. Ich bringe es einfach nicht übers Herz. Der König und die Königin müssen die Tuilerien verlassen, sie sollen ins Turmgefängnis gebracht werden."*

Joseph: *„Dann lebe wohl, Isabelle. Morgen gehe ich mit den Freiwilligen zur Rheinarmee. Und wenn ich dort für das Vaterland sterbe, dann weine nicht um mich. Dann bin ich für die Freiheit und für Frankreich gefallen."*
Isabelle: *„Sag' so etwas nicht, Joseph. Mir ist bang ums Herz. Und ich will, dass Du wieder kommst und mich fest in die Arme nimmst. So, wie Du es jetzt tust."*
Joseph: *„Sorge dich nicht, Isabelle. Ich kehre zurück. Wir müssen noch mit Deinen Herrschaften abrechnen. Von der höchsten Laterne in Paris soll Ludwig einen letzten Blick auf sein Volk werfen."*
Isabelle: *„Still jetzt. Zieh in Deinen dummen Krieg und kehre gesund zurück. Erst dann werde ich mir eine Jakobinermütze aufsetzen und mit Dir die Marseillaise anstimmen. Und dann werden wir auch einen Priester finden, der uns vermählt. Denn eines sage ich Dir, Joseph: Revolution hin oder her – geheiratet wird wie in alten Zeiten. Da hat sich nichts geändert!"*

Am 19. August 1792 dringen die verbündeten Truppen in Frankreich ein. Obgleich Preußen nur als Bundesgenosse Österreichs ins Feld zieht, stellt es am Rhein das Hauptheer von 42.000 Mann. Die Emigranten schildern dem Herzog von Braunschweig den Vormarsch auf Paris und seine Eroberung als gefahrlosen Spaziergang. Und tatsächlich ergibt sich bereits am 23. August die Festung Longwy kampflos den Preußen. Am 2. September gelangt die Nachricht von der Einschließung Verduns, der letzten Festung vor der Hauptstadt, nach Paris. Die Kommune erlässt einen Aufruf, zu den Waffen zu greifen, weil der Feind vor den Toren stehe. In einerRede ruft Danton, stets zum simplen Pathos neigend, aus: „Die dröhnende Sturmglocke ruft, um die Feinde des Vaterlandes niederzuschmettern. Dazu bedarf es der Kühnheit, nochmals der Kühnheit und abermals der Kühnheit, und Frankreich ist gerettet."

Während tausende Pariser beginnen, vor der Stadt Befestigungen anzulegen, um dem Feind den Weg zu versperren, verbreiten sich Gerüchte über einen bevorstehenden Ausbruch konterrevolutionärer Häftlinge aus den Gefängnissen. Eine von Panik ergriffene Menge zieht zu den Haftanstalten, um mit den eingekerkerten Feinden abzurechnen. In einigen Gefängnissen errichtet der Überwachungsausschuss der Kommune provisorische „Volksjustiztribunale", die dutzende Häftlinge zum Tode verurteilen – aber auch einige freisprechen. Die Massaker dauern vom 2. bis zum 6. September. Gefängniswächter, Kommunesoldaten und Nationalgardisten ermorden bei diesem ersten Terrorausbruch der Revolution etwa 1.100 Gefangene. Ein grauenvolles Gemetzel, und doch nur ein kleiner Vorgeschmack auf kommende Ereignisse...

Aber noch steht der Feind im Land, bereit auf Paris zu marschieren, um der Revolution den Garaus zu machen. Zehntausende Freiwillige, die dem Ruf, das Vaterland sei in Gefahr, gefolgt und zu den Waffen geeilt sind, haben eine Demokratisierung des französischen Heeres bewirkt und seine soziale Zusammensetzung verändert: Es hat sich größtenteils in eine Armee von Bauern und Sansculotten verwandelt, die Patriotismus mit Selbstbefreiung gleichsetzen. Sie wissen, dass sie für ihre eigenen Interessen kämpfen, weil sie beim Sieg der konterrevolutionären Eindringlinge die Rückkehr der aristokratischen Emigranten und die Erneuerung des alten Regimes zu erwarten haben.

Nach der Einnahme von Verdun scheint der Weg nach Paris offen. Es gelingt jedoch den beiden Heeresgruppen der französischen Kommandanten Dumouriez und Kellermann, bei Valmy 50.000 Mann in Stellung zu bringen. In einem Artillerieduell hält das Sansculottenheer den preußischen Kanonieren stand. Der Herzog von Braunschweig wagt nicht, den Befehl zum Angriff zu erteilen und entscheidet sich für den Rückzug. Das ist der erste Sieg der Revolutionstruppen und die entscheidende Wende. Hier beginnt, wie Goethe 30 Jahre später in seiner „Kampagne in Frankreich“ schreibt, „eine neue Epoche in der Weltgeschichte“.

Ein Heer von 17.000 Mann unter General Custine stößt ins Rheinland vor und besetzt die Städte Speyer, Worms und Mainz. Am 6. November besiegen die Truppen des Generals Dumouriez bei Jemappes die Österreicher und besetzen kurz darauf ganz Belgien. Der Vormarsch der Revolutionsarmeen scheint unaufhaltsam zu sein. Durch die Besetzung Savoyens, Belgiens und des südlichen Rheinlandes hat der Verteidigungskrieg Frankreichs den Charakter eines Eroberungsfeldzuges angenommen. In Chambery, der Hauptstadt des Französisch sprechenden Savoyen, beschließt eine Bürgerversammlung schon drei Wochen nach der Besetzung, um den Anschluss an Frankreich nachzusuchen.

Schwierigere Probleme gibt es dagegen im Rheinland. Das Sansculottenheer ist zwar mit der Parole „Friede den Hütten, Krieg den Palästen“ im Rheinland einmarschiert, und General Custine hat einen Aufruf an das unterdrückte Volk deutscher Nation erlassen, sich gegen den fürstlichen Despoten zu erheben, aber der am 23. Oktober 1792 gegründete Mainzer Jakobinerklub vermag nur eine Minderheit der Bevölkerung zu mobilisieren.

Die Hinrichtung des Königs

Gleichzeitig beginnt in Paris der Prozess gegen Ludwig XVI.. Bei der Durchsuchung der königlichen Gemächer in den Tuilerien hat man in einem eisernen Schrank ein Geheimfach gefunden, das die Korrespondenz Ludwigs XVI. und Marie-Antoinettes mit konterrevolutionären Emigranten und ausländischen Fürsten enthält und beweist, dass der König auch nach seiner misslungenen Flucht und seinem feierlichen Verfassungseid gegen die Revolution konspiriert hat. Die bürgerlichen Abgeordneten befürchten mit Recht, dass der Prozess und die Verurteilung des Königs das soziale Element der Revolution befördern werden. Die Jakobiner hingegen halten es für unbedingt notwendig, Ludwig vor Gericht zu stellen.

St. Just, der getreue Vasall Robespierres, erklärt, der König sei zum Rebellen und öffentlichen Feind geworden, weil er des Volkes Gesetze missachtet habe. Und darüber hinaus sei jeder Monarch ein Usurpator, weil die Volkssouveränität unveräußerlich sei. *„Man kann nicht König sein, ohne Schuld auf sich zu laden... Dieser Mann muss herrschen oder sterben."* Ähnlich argumentierte Robespierre: *„Es ist besser, dass Ludwig stirbt, als dass 100.000 tugendhafte Bürger umkommen. Ludwig muss sterben, weil das Vaterland leben muss."*

Der Prozess gegen den König, der aller Titel entkleidet und fortan „Louis Capet" genannt wird, beginnt am 11. Dezember 1792. Die Anklage umfasst sein gesamtes Verhalten seit 1789 und stempelt ihn zum Verschwörer und Verräter. Das Parlament beschließt, an die Abgeordneten vier Fragen zu richten. Die Frage, ob Ludwig Capet „der Verschwörung gegen die Freiheit und der Anschläge gegen die nationale

Sicherheit schuldig“ sei, wird einstimmig bei 14 Stimmenthaltungen bejaht. Die Frage, ob man den Schiedsspruch dem Volk zur Bestätigung vorlegen sollte, wird mit 426 gegen 278 Stimmen abgelehnt. Für die sofortige Vollstreckung der Todesstrafe votieren bei der namentlichen Abstimmung 387 Abgeordnete; 334 stimmen für Zuchthaus oder bringen Einwände gegen die Hinrichtung vor.

Am Abend vor seiner Hinrichtung hat Ludwig XVI. ein langes Gespräch mit seinem Beichtvater und nimmt Abschied von seiner Familie. Gegen 11 Uhr am Abend serviert ihm sein Kammerdiener das Nachtessen. *„Der König“*, berichtet er später, *„speiste mit gutem Appetit zwei Hühnerflügel und ein wenig Gemüse, trank zwei Gläser wasservermischten Wein und nahm zum Nachtisch einen kleinen Löffelbiskuit und etwas Malaga-Wein.“* Kaum ist er zu Bett gegangen, schläft Ludwig fest ein.

Am 21. Dezember wird er um 5 Uhr geweckt, wohnt einer Messe bei und verzichtet auf das letzte Gespräch, das er der Königin versprochen hat. Vergebens verlangt er, sich selber die Haare abschneiden zu dürfen. Gegen 8.30 Uhr geht die Tür auf: Santerre, der Befehlshaber der Nationalgarde, kommt ihn holen. Im zweiten Hof des Temple, des alten Gefängnisses, wartet eine Kutsche auf den Delinquenten. Die Fahrt von der Rue du Temple zum Platz der Revolution dauert anderthalb Stunden. Es ist regnerisches Wetter, dichter Dunst liegt über den Straßen, wo auf Anweisung der Behörden die Ladentüren und alle Fenster geschlossen sind. Ein schweigendes Spalier aus fast 80.000 mit Gewehren und Piken bewaffneten Männern säumt den Weg.

Gegen zehn Uhr erreicht der Wagen die Hinrichtungsstätte. Der König verharrt einige Minuten, dann steigt er aus und blickt auf das Schafott. Er legt selber seine Kleider ab, muss sich dann aber die Hände fesseln lassen. Unter Trommelwirbel geht er die Treppe hinauf. Oben auf dem Podium versucht er, Widerstand zu leisten und zum Volk zu sprechen. Die royalistische Legende hat ihm später die letzten Worte zugeschrieben: *„Volk! Ich sterbe unschuldig! Ich vergebe denen, die meinen Tod herbeigeführt haben. Ich bitte Gott, dass mein Blut nicht über Frankreich komme.“* Aber prasselnder Trommelwirbel übertönt seine Stimme. Um 10.20 Uhr fällt sein Haupt. Begeisterungsrufe erschallen aus der Menge: „Vive la Nation! – Vive la Républiquе! – Vive la Liberté! – Vive l'Ègalité!” Während der Leichnam zum Madeleine-Friedhof geschafft wird, tanzen die Pariser um das Schafott.

Ein gewisser Dr. Guillotine hat, durchaus das Wohl der zu exekutierenden Delinquenten im Auge, kurz zuvor eine neuartige Enthauptungsmaschine konstruiert, die mit einem Fallbeil schmerzlos den Kopf vom Rumpf des Opfers trennt. Eine Erfindung, die ab sofort Hinrichtungen praktisch am Fließband ermöglicht.

Die Annexionspolitik der Franzosen und die Hinrichtung Ludwigs haben das Ihre dazu beigetragen, dass sich gegen Frankreich eine Koalition bildet, die trotz mancher Pausen für kurze Zeit und für bestimmte Teilbereiche dennoch über 20 Jahre zusammenhält.
Es liegt nahe, dass England zur treibenden Kraft dieser Koalition wird. Allerdings hat William Pitt bis zum November 1792 keinen Anlass gesehen, seine Neutralitätspolitik aufzugeben oder einen gegenrevolutionären Kreuzzug mitzumachen. Erst wirtschaftliche Interessen, politische Befürchtungen und die Ablehnung der Revolution bewegen England zum Bruch.

Am 16. November erklärt die französische Regierung die Schelde zum offenen Gewässer und schickt eine Flotte nach Antwerpen. Damit ist das mit England verbündete Holland betroffen. Frankreich hat eine Klausel des Westfälischen Friedens gebrochen und bedroht die Sicherheit der Themse.

Fast alle Staaten Europas treten dem Bündnis bei. Österreich und Deutschland sind ja schon im Krieg mit Frankreich, die übrigen folgen nun England nach und nach. Schon vorher haben der Papst, der Herzog von Parma, der Herzog von Modena und der König von Neapel die Beziehungen zu Frankreich offiziell abgebrochen. Der Reichstag veranlasst alle deutschen Staaten zum gleichen Verhalten. Der zwei Tage nach der Hinrichtung Ludwigs XVI. unterzeichnete Vertrag zwischen Preußen und Russland über die zweite Teilung Polens gibt Preußen freie Hand, an der französischen Front erneut aktiv zu werden, und verschafft Russland die Möglichkeit, sich England wieder zu nähern. Außer den nordischen Staaten, der Schweiz, der Republik Venedig und dem Großherzog von Toskana verbündet sich ganz Europa gegen Frankreich.

Die Revolution radikalisiert sich

Innerhalb weniger Wochen gehen im Frühjahr 1793 die „natürlichen Grenzen" wieder verloren. Ende März muss durch einen strategischen Fehler des Generals Dumouriez ganz Belgien, Anfang April auch das linke Rheinufer geräumt werden. Damit hält Frankreich außerhalb seiner alten Grenzen nur noch die vom Feind belagerte Festung Mainz besetzt.

Die Jakobiner, auch „Bergpartei" genannt, weil sie im Parlament auf den oberen Rängen sitzen, erkennen, dass nun außerordentliche Maßnahmen nötig sind, um die Revolution zu retten. Die Abgeordneten der „Ebene“ stimmen mit ihnen, als diese den Weg des revolutionären Ausnahmeregimes beschreiten. Das Parlament, jetzt Konvent genannt, weil auch eine neue Verfassung ausgearbeitet werden soll, beschließt die Beschlagnahme der Emigrantengüter sowie die Errichtung von Revolutionskomitees, die Bürgerausweise ausstellen und berechtigt sind, Verhaftungen von verdächtigen Bürgern und Ausländern vorzunehmen. Ein anderes Dekret betrifft die Entsendung von je drei Volksvertretern zu den elf Armeen der Republik, wo sie „aufmerksam alle Handlungen der Beauftragten des Exekutivrates, der Heereslieferanten und Unternehmer sowie die Haltung der Generäle, Offiziere und Soldaten überwachen“ sollen.

Der wichtigste Beschluss des Konvents ist die Errichtung einer zentralen Institution, der in den nächsten Monaten überragende Bedeutung zukommen wird. Es ist der Wohlfahrtsausschuss, der mit Exekutivgewalt ausgestattet wird und die Aufgabe hat, sowohl die Verwaltung des Staates zu überwachen und anzuspornen, als auch die Verteidigung im Inneren und nach außen zu koordinieren. Die Sitzungen dieses Ausschuss, der in vier Sektionen – Äußeres, Inneres, Krieg und Marine – geteilt ist, sind geheim. Der Ministerrat ist ihm unterstellt, alle staatlichen Dienststellen haben seine Beschlüsse unverzüglich durchzuführen. Je nach Bedarf und Notwendigkeit sollen die Mitglieder des Wohlfahrtsausschusses monatlich ausgewechselt werden.

Diese Erfolge genügen den Revolutionären noch nicht. Am 1. Juni bleibt die Nationalgarde unter Waffen, die Kommune bereitet sich zum entscheidenden Kampf vor. Am 2. Juni frühmorgens steigt Marat auf den Rathausturm, um selbst die Sturmglocke zu läuten. 80.000 Demonstranten folgen seinem

Ruf, ziehen zu den Tuilerien und fordern die Auslieferung der Gironde-Führer, der Spitzenpolitiker der bürgerlichen Mitte, die sich offen gegen die Jakobiner und Sansculotten gestellt haben. Nach stundenlangen Auseinandersetzungen beugt sich der Konvent der Gewalt, 29 girondistische Abgeordnete erhalten Hausarrest. Dies ist die „Journée revolutionnaire“ des 2. Juni 1793, an der die Gironde untergeht. Innerhalb von knapp zehn Monaten haben die Pariser Sanculotten die Revolution zweimal gerettet und vorangetrieben.

Das markanteste Ergebnis der „Journée révolutionnaire“ vom 2. Juni ist die Errichtung der Jakobinerherrschaft. Die Staatsführung besteht jetzt aus kompromisslosen Patrioten, die gleichzeitig die Nation und die Revolution verteidigen und entschlossen sind, alle Reserven und Hilfsquellen zu mobilisieren, um über die inneren und äußeren Feinde Frankreichs den Sieg zu erringen.

Zunächst geht es gegen die inneren Feinde. Nach dem Sturz der Gironde bricht in vielen Landesteilen eine Rebellion gegen den Konvent aus. Mehrere girondistische Abgeordnete, denen es gelungen ist, aus dem Hausarrest zu entweichen, berufen am 13. Juni eine Versammlung in Caen in der Normandie ein und erlassen einen Aufruf gegen die Herrschaft der Bergpartei. Der Aufstand, der gegen die Zentralisierungsbestrebungen der Jakobiner gerichtet ist, umfasst zwar zeitweise zwei Drittel des Landes, besitzt jedoch keine fähige Leitung und kein einheitliches Programm.

Die Girondisten, die diese Rebellion entfesselt haben, entwickeln sich zu Konterrevolutionären, die mit Aristokraten kooperieren, um die Tyrannei der Hauptstadt zu brechen.

Außer Marseille, Bordeaux und Lyon, wo es schon im Mai zu Gewalttaten gegen die Jakobiner gekommen ist, sind Toulouse, Toulon, Grenoble, Limoges und Caen die Zentren des Aufstandes.

Die Ermordung des Bürgers Marat

Die föderalistische Revolte scheitert jedoch, weil die rasch eingeleiteten politischen Maßnahmen des Jakobinerkonvents die Volksmassen davon abhalten, sich den Aufständischen anzuschließen. Die Bauern werden durch ihre endgültige Emanzipation zufrieden gestellt und sind daher bereit, für ihr eigenes, soeben den Aristokraten abgeknöpftes Ackerland zu kämpfen. Notstandsmaßnahmen des Jakobinerkonvents zeigen bald ihre Wirkung.

In der Normandie bricht die Revolte schon Mitte Juli 1793 zusammen. Marseille wird Ende August, Bordeaux Mitte September zurück gewonnen. Lyon fällt nach erbitterten und blutigen Kämpfen am 9. Oktober in jakobinische Hand zurück. Und in Toulon, wo die Engländer im August gelandet sind, um den konterrevolutionären Aufstand zu unterstützen und um einen Brückenkopf zu errichten, gelingt es Mitte Dezember, die Stadt wieder zu erobern. Dabei macht sich ein kühner Artillerie-Leutnant mit Namen Napoleon Bonaparte einen Namen.

Am 13. Juli 1793 wird Marat, der Liebling der Massen, von Charlotte Corday ermordet. Dieses 25-jährige Mädchen aus Caen hat zuviel Plutarch gelesen. Sie glaubt einen Tyrannen zu töten, aber sie schafft einen Mythos. 1789 mochte es scheinen, als sei Jean-Paul Marat eine gescheiterte Existenz. Damals war er 25 Jahre alt und hat sich mit allem, was er versuchte, nur Ärger eingehandelt.

Im Fürstentum Neuchâtel als Sohnes eines zum Kalvinismus übergetretenen italienischen Priesters geboren, hat es ihn immer weitergetrieben. Von Bordeaux nach Paris, von Paris nach London, wo er zehn Jahre bleibt und es als Arzt und Publizist zu einem gewissen gesellschaftlichen Ansehen bringt. Seine Rückkehr nach Paris, 1776, trägt ihm nur vorübergehende Vorteile ein. 1784 wird er aus seinem Amt als Arzt der Leibgarde des Grafen von Artois entlassen, und inzwischen hat er es sich auch mit der Welt der Wissenschaft verdorben; seine bemerkenswert unmodernen Ansichten auf den Gebieten der Wärmelehre und der Elektrizität werden nicht ernst genommen. Krank und hoch verschuldet vegetiert er mehr als dass er lebt. Weder seine Reisen noch seine Lektüre noch seine schriftstellerischen Arbeiten haben ihm zu einer Karriere verholfen. Aber in der Revolution findet er für dieses angesammelte geistige Kapital unbegrenzte Investitionsmöglichkeiten.

In vier Jahren ist er tatsächlich das geworden, was er als Titel über seine Zeitung geschrieben hat: „l` Ami du Peuple", der große Freund des Volkes. Das erklärt sich unter anderem daraus, dass er sowohl die Flucht des Königs als auch den Abfall La Fayettes, der sich zu den Österreichern geflüchtet hatte, warnend in seiner Zeitung angekündigt hat. Seine Wachsamkeit hat ihm den Ruf eines übertrieben scharfen, aber unentbehrlichen Zensors eingetragen. Dank dieser Beliebtheit beim Volk bringt er es trotz der Abneigung vieler Abgeordneter der Bergpartei und trotz des Schweigens Robespierres zum Mitglied des Nationalkonvents. Er war ein Außenseiter, und vielleicht rankt sich dank Charlotte Corday, die hoch erhobenen Hauptes unter der Guillotine stirbt, nach seinem Tod ein Mythos um Marat. Schon Ende Juli findet ein großes „Fest der Staatsbürger" statt: dem „Herzen des unbestechlichen Marat" wird ein Altar errichtet.

Auch Isabelle und Joseph trauern um Marat, ihren Helden:
Joseph: *„Heimtückisch ermordet hat die Schlange aus Caen den geliebten Freund des Volkes, den Bürger Marat."*
Isabelle: *„Der Bürger Marat war aber auch ein wenig leichtsinnig. Wie kann er eine wildfremde Frau ins Bad lassen, wenn er nackt und wehrlos in der Wanne liegt."*
Joseph: *„Marat hatte immer ein Ohr für die Nöte des Volkes, Tag und Nacht."*
Isabelle (kichert): *„Vor allem in der Nacht. Ein rechter Schürzenjäger soll der Bürger Marat gewesen sein, kein Rock schien vor ihm sicher."*
Joseph: *„Du redest, wie Du es nicht besser verstehst. Wer hat uns die Flucht des Königs prophezeit, wenn nicht Marat? Wer hat den Verrat des Aristokratenknechts La Fayette voraus gesehen? Wer hat am 3. Juni die Sturmglocke geläutet und die Sansculotten zum Angriff auf den Konvent geführt und die verhassten Girondisten vertrieben? Marat, immer wieder Marat. Die Revolution hat ihr Herz verloren."*
Isabelle: *„Das Herz, das haben seine Freunde ja prächtig konserviert und auf einen Altar gebettet. Welche Gotteslästerung!"*
Joseph: *„Du solltest Dich allmählich vom Einfluss der Spione des Papstes lösen, chérie, die Kirche ist tot, es lebe die Vernunft!"*
Isabelle: *„Und die Vernunft sagt mir, dass wir uns am nächsten Montag trauen lassen, und zwar von Pater Pierre. Der ist zwar Priester, aber deshalb noch lange kein Spion des Papstes."*
Joseph: *„Ein echter Revolutionär braucht diesen Firlefanz nicht."*
Isabelle: *„Aber ich brauche diesen Firlefanz, wie Du ihn zu nennen beliebst. Wenn wir auch künftig das Lager in dieser schäbigen Behausung teilen sollen, dann nur mit dem Segen der Kirche."*

Joseph: *„Na gut. Aber meine Kameraden von der Kommune dürfen davon nichts erfahren, sonst bin ich bei denen unten durch."*
Isabelle: *„Sei beruhigt, sie werden nichts mitbekommen. Ich bin ja auch eine brave Revolutionärin. Nur ein bisschen altmodischer als Du."*

Der Wohlfahrtsausschuss, der bis dahin den anderen Ausschüssen des Konvents gleichgestellt war, wird nach dem Tod Marats als Revolutionsregierung konstituiert. Unter Robespierres Führung gelingt es, die Existenz bedrohende Krise zu meistern. Robespierre ist von Argwohn gegen alle erfüllt, die aus der Revolution egoistische Vorteile zu schlagen suchen. Dieser entschlossene und selbstlose Mann, der im Tugendideal der Antike das höchste Ziel menschlichen Strebens sieht, wird von seinen Freunden „der Unbestechliche" genannt.

Der Aufstieg Robespierres

Wer aber ist Robespierre wirklich, was wissen wir über seine Herkunft? Als er im Mai 1789 nach Versailles kommt, ist dieser kleine Mann mit den zarten Zügen und der sorgfältig gewählten Kleidung nichts weiter als ein mittelloser, namenloser Anwalt aus der Provinz. Mit sechs Jahren ist er Waise, und statt des Vaters verhelfen ihm Stipendien zum Studium am berühmten Pariser Collège Louis-le-Grand und zur Ausbildung als Jurist, wie das schon in der Familientradition liegt. Aus diesen glänzend absolvierten, aber in Armut verbrachten Studienjahren ist ihm eine Art Stipendienkomplex geblieben, ein Misstrauen gegen jeden sorglosen Wohlstand.

Seinen Erfolg bei der Wahl verdankt Robespierre nur den unteren Schichten des Dritten Standes, die ihn einem von den

Honoratioren der Stadt Arras geförderten Konkurrenten vorziehen. Seine ersten Auftritte vor der Verfassung gebenden Versammlung haben wenig Erfolg im Parlament, finden aber ein um so größeres Echo in der Presse und in den Klubs. Er allein stimmt gegen die Verkündung des Kriegsrechts - weil er um den Zustand der Armee weiß. Er allein kämpft gegen die Diskriminierung der Passivbürger und der Farbigen auf den Antillen. Fast als einziger weigert er sich, das Recht des Volkes auf das Einbringen von Petitionen bei der Versammlung einzuschränken. Denn er gehört zu den wenigen, die von Anfang an begriffen haben, dass die Kraft der Revolution im Bündnis zwischen Bürgertum und Volk liegt. Seine Einzelgängerrolle in der Versammlung, sein Hass und der Spott, den er dort erntet, heben sein Ansehen in Paris. Der gewählte Abgeordnete von Arras wird zum Führer der revolutionären Stadt Paris.

Am 2. Juni zwingt der plötzliche Tod Marats Robespierre, selbst in die Regierungsverantwortung einzutreten. Er hat gegenüber seinen Kollegen im Wohlfahrtsausschuss keinerlei rechtliche Vorrangstellung, aber man erkennt ihm eine moralische Autorität zu, die er seiner Vergangenheit als aufrechter Mann der Opposition und seiner Kompromisslosigkeit verdankt. Sein Genie und – das schließt sich nicht aus – seine kleinliche Genauigkeit kommen ihm gleichermaßen zustatten.

Er ist alles andere als ein Doktrinär, sondern ein ungewöhnlich geschickter Taktiker, ein Politiker, der den richtigen Augenblick abzuwarten und zu nutzen weiß. Er ist ein Mann, der das sinnvoll Mögliche vom Abenteuerlichen zu unterscheiden und der Meinung in Volk und Parlament zu folgen vermag, ohne sich von ihr hilflos mitreißen zu lassen. Seine ständige Wachsamkeit schafft Unruhe, dieses unaufhörliche Anprangern anderer ist ganz dazu angetan, dem revolutionär gesonnenen Volk zu gefallen, das darin einen Widerhall seiner eigenen Befürchtungen erkennen kann.

Diese realistische und auf den konkreten Erfolg bedachte Führerpersönlichkeit lässt sich aber ebenso wie Saint-Just mehr und mehr von der Utopie betören. Ganz gleich, ob sie revolutionäre Institutionen wirklich erschaffen oder wie Saint-Just von einer Welt der Brüderlichkeit träumen, immer stoßen sie auf die Wirklichkeit von Kapitalismus und Krämergeist. *„Woher kommt das Übel? Von den Bürgern.“*, schreibt Robespierre am Vorabend des 2. Juni. Ein Satz, über den man getrost auch heute noch nachdenken kann.

Am 10. August 1793, dem Jahrestag des Sturzes der Monarchie, findet auf dem Pariser Marsfeld eine Massenversammlung statt, zu der viele Departements Abordnungen entsandt haben. Robespierre hält eine flammende Rede und ruft – wieder einmal – zur Rettung der Revolution auf. Dazu ist seiner Meinung nach die allgemeine Volksbewaffnung unerlässlich, die auch der revolutionären Mentalität der Sansculotten entspricht.

Die Diktatur des Terrors

Am 23. August beschließt der Konvent auf Vorschlag des Wohlfahrtsausschusses die „Levée en masse“, das Volksaufgebot, das alle wehrfähigen ledigen Männer und kinderlosen Witwer im Alter zwischen 18 und 25 Jahren zum Kriegsdienst mobilisiert. Sie haben sich in den Hauptorten der Distrikte zu versammeln, wo sie in Kampfbataillone eingeteilt werden. Solange die Feinde auf französischem Boden stehen, dürfen alle Franzosen für die Armeebedürfnisse in Anspruch genommen werden. Die öffentlichen Gebäude sollen in Kasernen oder Rüstungswerkstätten verwandelt werden. Die von allen Seiten belagerte Republik wird zu einem riesigen Feldlager. Die erste Aushebung erbringt ein Heer von einer halben Million Mann.

Das Massenaufgebot verändert nicht nur die Struktur der Armee, sondern macht auch staatliche Wirtschaftslenkung unerlässlich. Die Revolutionsregierung erkennt, dass sie die gesamte Wirtschaft auf die Kriegsbedürfnisse umstellen muss, um das Volksheer bewaffnen, auszurüsten und verpflegen zu können. Der Staat muss ein Produktions- und Versorgungssystem errichten und wird so zum wichtigsten Arbeitgeber. Die Bedürfnisse der nationalen Verteidigung machen kompromisslose Zwangsmaßnahmen erforderlich. Das gibt es später auch im Zweiten Weltkrieg, sowohl bei der Sowjetunion also auch im Dritten Reich, als Joseph Goebbels den totalen Krieg proklamiert.

Es sind jedoch nicht nur die Bedrohung durch den Bürgerkrieg und die militärische Einkreisung Frankreichs, die den Wohlfahrtsausschuss zwingen, die in der Verfassung festgesetzte Demokratie in die revolutionäre Diktatur zu verwandeln. Auch die in den Schlachten der Revolution gereiften und vom Hunger zur Verzweiflung getriebenen Pariser Volksmassen drängen die Jakobinerregierung zur energischen Unterdrückung der Konterrevolution und fordern, den Terror auf die Tagesordnung zu setzen.

Am 5. September kommt es wieder zu einer „Journée révolutionnaire“. Der Sturm auf den Konvent geht diesmal von Arbeitern aus, die ihren Lohn in entwertetem Papiergeld ausgezahlt erhalten und keine andere Einkommensquelle besitzen. Tausende Demonstranten aus den Elendsvierteln, die nach Brot rufen und den Schiebern und Spekulanten den Tod wünschen, marschieren zu den Tuilerien und besetzen den Sitzungssaal des Konvents. Der Konvent aber bleibt standhaft. Die Sansculotten setzen sich mit ihren extremen Forderungen, also Aufhebung der Wirtschaftsfreiheit, Festsetzung von Höchstpreisen bei den Nahrungsmitteln, nicht durch. Trotzdem muss reagiert werden.

Um der inneren und äußeren Gegenrevolution den Garaus zu machen, ist der Konvent auf die tatkräftige Unterstützung der Volksmassen angewiesen und muss zu Zwangs- und Gewaltmaßnahmen greifen. Am 17. September 1793 gibt er schließlich dem Drängen der Sansculotten nach. Das Gesetz über die Verdächtigen setzt den Terror auf die Tagesordnung. Die Kategorie der Verdächtigen ist sehr weit gefasst, um jeden Revolutionsgegner treffen zu können: Es sind alle, die sich durch ihr Verhalten oder ihre Ansichten als Feinde der Freiheit erweisen, alle suspendierten Staatsbeamten, alle Verwandten von Emigranten, alle, die sich nicht über die Erfüllung ihrer Bürgerpflichten und ihre Existenzmittel ausweisen können. Die örtlichen Revolutionskomitees sollen die Bürger überwachen, ihre politische Haltung überprüfen und Listen der Verdächtigen anlegen. Damit ist dem Denunziantentum Tür und Tor geöffnet.

Die Verschärfung der Justiz macht die Erweiterung des Revolutionstribunals notwendig. Seit September umfasst es vier Abteilungen mit insgesamt 19 Richtern und 60 Geschworenen. Hat der Gerichtshof im ersten halben Jahr seiner Tätigkeit von 260 Angeklagten 66 zum Tode verurteilt, so werden im letzten Vierteljahr 1793 von 395 Angeklagten 177 auf die Guillotine geschickt. Die Anzahl der Gefangenen in den Pariser Kerkern verdreifacht sich und erreicht Ende 1793 über 4.500 Personen.

Die harten Maßnahmen greifen auch an der Front. Die Scharen des Massenaufgebots werden von den jungen Revolutions-Generälen in geordnete und wohl gerüstete Armeen verwandelt. Die Arbeiter, Handwerker und Bauern, deren eigenes Interesse an den Sieg der Revolution gebunden ist, überwinden die militärisch technische Überlegenheit der gegen Frankreich ausgesandten Söldnerarmeen. Sie wenden die neue Tirailleurtaktik an, bei der der einzelne Soldat nicht mehr in geschlossenen und starren Formationen kämpft, sondern in einzelnen Schützenketten den Feind angreift. Dies ermöglicht den Soldaten, sich schneller fortzubewegen und flexibler anzugreifen.

Am 8. September 1793 besiegen die Truppen General Houchards bei Hondschoote unweit der belgischen Küste die englische Armee, die vom Herzog von York befehligt wird. Houchard unterlässt es jedoch, den Feind zu verfolgen, und unterliegt kurz darauf in einem anderen Gefecht. Der Konvent, ewig misstrauisch, wittert Verrat. Der General wird nach Paris zurückbeordert, zum Tode verurteilt und guillotiniert. Ähnlich verfährt auch Stalin im Zweiten Weltkrieg. Auch er schickt Polit-Kommissare an die Front und lässt glücklose General liquidieren oder einsperren.

Der Wohlfahrtsausschuss besetzt die Kommandostellen der drei Hauptarmeen, die an der Nordgrenze kämpfen, mit jungen Befehlshabern, die ihre Karriere der Revolution verdanken und eine Offensivtaktik verfolgen. Die erfolgreiche Politik der nationalen Verteidigung ermöglicht dem Wohlfahrtsausschuss, sein Primat zu bekräftigen. Am 10. Oktober 1793 erklärt der Konvent auf Antrag Saint-Justs die Regierung Frankreichs als

„revolutionär bis zum Frieden". Damit sind die Diktatur und die sie begleitenden Gewaltmaßnahmen legalisiert. Das demokratische Prinzip der Wahl, das die Jakobinerverfassung vom Juni 1793 charakterisiert hat, ist außer Kraft gesetzt.

Nunmehr beginnt die Abrechnung mit Konterrevolutionären und Gegnern der Bergpartei. Die ehemalige Königin Marie-Antoinette – von den Richtern „Witwe Capet" genannt – wird nach zweitägigem Prozess am 16. Oktober wegen des Komplotts mit Frankreichs Feinden hingerichtet. Sie beweist Würde im Angesicht des Todes. Als sie dem Scharfrichter versehentlich auf den Fuß tritt, entschuldigt sie sich höflich und legt dann ergeben ihren Kopf unter die Guillotine. Ihr folgen Ende Oktober 21 Führer der Gironde aufs Schafott. Andere prominente Opfer sind die Gräfin Dubarry, die letzte Geliebte König Ludwig XV., und der Herzog von Orléans, Philippe „Egalité", der schon seit dem 6. April im Kerker sitzt, weil man ihm das Überlaufen seines Sohnes zu den Österreichern zum Vorwurf macht.

In der Provinz hängt die Intensität des Terrors vom Ausmaß der Konterrevolution und von der Haltung der bevollmächtigten Konventskommissare ab. Am 9. Oktober 1793 kapituliert das aufrührerische Lyon. Der Konvent befiehlt die Zerstörung der Stadt. Während Couthon, der zunächst dorthin entsandt wird, diese Anweisung nur symbolisch befolgt, führen Collot d`Herbois und Fouchè, der unter Napoleon als Polizeichef eine blutrünstige Karriere machen wird, ein Schreckensregiment ein. Etwa 1.700 Bürger, die vom lokalen Revolutionstribunal verurteilt werden, werden massenweise durch Kanonen niederkartäscht, weil die Guillotine diese massenhaften Hinrichtungen nicht bewältigen kann.

Der Kampf gegen die Kirche

Nach dem Zusammenbruch des Aufstandes in der Vendée werden auch in der Stadt Angers über 600 Opfer durch Kartätschen hingerichtet. Der Abgeordnete Carrier, der als Beauftragter des Konvents nach Nantes entsandt wird, lässt im Dezember 1793 und Januar 1794 über 2.000 Untersuchungshäftlinge ohne Prozess und Urteil in der Loire ertränken. Der Terror wird immer grausamer, die Revolution beginnt, ihre Kinder zu fressen.

In Toulon werden nach der Wiedereroberung über 300 Todesurteile vollstreckt. Auch in Marseille, Bordeaux, Rennes und Arras gehen die Exekutionen in die Hunderte.
Im Elsass fungiert der ins Land der Freiheit geflüchtete deutsche Jakobiner Eulogius Schneider von Oktober bis Dezember 1793 als öffentlicher Ankläger. Mit einer fahrbaren Guillotine bereist er zusammen mit dem lokalen Revolutionstribunal sechs Wochen lang die Kleinstädte und Dörfer, um Revolutionsfeinde zur Rechenschaft zu ziehen. Von den 611 Angeklagten, denen er den Prozess macht, werden 29 hingerichtet.

Saint-Just und der Abgeordnete Lebas, die als Vertreter des Konvents ins deutschsprachige Elsass geschickt werden, um die nationale Verteidigungsbereitschaft zu stärken, halten ausnahmslos alle Ausländer, auch erprobte Revolutionäre wie Schneider, für Spione und Agenten der feindlichen Mächte. Sie lassen den deutschen Jakobiner verhaften und nach Paris transportieren, um ihn vor das Revolutionstribunal zu stellen. Dort stirbt Eulogius Schneider unter der Guillotine. Die Trauer, vor allem im Elsass, hält sich in Grenzen.

Nicht nur gegen die in Frankreich lebenden Fremden wächst im Herbst 1793 das Misstrauen der Herrschenden, sondern auch gegen den konstitutionellen Klerus. Denn viele der Priester, die die Verfassung beschworen haben, neigen der verfemten Gironde zu. Seit dem Erscheinen der Sansculotten in der politischen Arena gewinnen die antiklerikale Strömung und der weltliche Revolutionskult an Boden. Einige Pariser Sektionen greifen die katholische Kirche als Bollwerk des Aberglaubens und des Fanatismus an.

In den nächsten Wochen verbreitet sich die Entchristlichungs-Kampagne wie ein Lauffeuer. Am 7. November erscheint der konstitutionelle Pariser Bischof Gobel im Konvent, erklärt seinen Rücktritt von der Priesterwürde und setzt eine Jakobinermütze auf. Auf Anregung des Gemeindeprokurators Chaumette wird die Kathedrale Notre Dame ein „Tempel der Vernunft", wo beim Einweihungsfest am 10. November eine Schauspielerin die Freiheitsgöttin darstellt.

Die Kommune ordnet die Schließung aller Pariser Kirchen an. Sie sollen samt und sonders zu Armenhäusern oder Schulen umfunktioniert werden. In Reims, Straßburg und anderen Orten zerstören antiklerikale Mitglieder der „inneren Revolutionsarmee" gotische Skulpturen und Heiligenbilder. Kirchenglocken werden eingeschmolzen, um Kanonen daraus zu gießen.

Obwohl Robespierre nicht viel für die katholische Religion übrig hat, hält er die Exzesse des Entchristlichungs-Feldzuges für einen politischen Fehler. Ihm und seinen Freunden ist nicht daran gelegen, das in religiösen Kategorien denkende Bauern- und Kleinbürgertum von der Unterstützung der Revolution abzustoßen. Er gebietet der Dechristianisierung

Einhalt und warnt Ultrarevolutionäre davor, die Altäre umzustürzen. Auf Vorschlag Robespierres untersagt der Konvent Anfang Dezember 1793 die antireligiösen Zwangsmaßnahmen und erneuert den Grundsatz der Glaubensfreiheiten.

Am 5. Oktober 1793 beschließt der Konvent auf Anregung des Abgeordneten Romme die Abschaffung der christlichen Zeitrechnung und die Einführung eines republikanischen Kalenders. Als Beginn der neuen Ära wird rückwirkend die Begründung der Republik am 22. September 1792 festgesetzt, weil dieses Datum den wahren Wendepunkt der Menschheitsgeschichte markiere. Den zwölf Monaten zu je 30 Tagen gibt der poetische Abgeordnete Fabre d'Églantine Namen, die durch Naturerscheinungen charakterisiert sind: Vendémiaire, Brumaire, Frimaire, Nivose, Pluviose, Ventose, Germinal, Floréal, Prairial, Messidor, Thermidor, Fructidor. Ja, ja, es sind in der Tat revolutionäre Zeiten....

Die militärischen Siege erlauben dem Konvent am 4. Dezember, der Republik eine diktatorische Verfassung zu geben und das Grundgesetz der Revolutionsregierung zu erlassen. Es verstärkt die Zentralisierung der Verwaltung, beschneidet die Kompetenzen der Kommune, unterstellt alle gewählten Behörden dem Wohlfahrtsausschuss und untersagt für die Kriegsdauer die Abhaltung von Wahlen.

Die Guillotine steht nun nicht mehr still. Danton, der berühmte, für seine theatralisch-donnernde Rhetorik immer wieder von seinen Anhängern umjubelte Redner, wird angeklagt und hingerichtet. Er steht in Opposition zu Robespierre und Saint-Just und muss dafür sterben. Auch der frühere Erzbischof von Paris, Gobel, muss das Blutgerüst betreten. Sogar vor Sippenhaft wird nicht zurückgeschreckt.

Auch Frauen von verurteilten „Konterrevolutionären" werden hingerichtet.

Historische Berechnungen haben ergeben, dass von der Errichtung des Revolutionstribunals im März 1793 bis zum August 1794, nach dem Sturz der Jakobinerherrschaft, in ganz Frankreich 16.594 Menschen aus politischen Gründen zum Tode verurteilt und guillotiniert wurden. Dazu kommen noch etwa 20.000 Opfer, die durch Massenerschießungen und Massenertränkungen, durch Selbstmord, sowie durch Entbehrungen und Krankheiten in den Kerkern umkamen.

Das Terrorgesetz vom 10. Juni 1794 ermutigt das Denunziantentum, schafft die Voruntersuchung der Angeklagten, ihre Verteidigung und die Einvernahme von Zeugen ab. Es fasst den Begriff des „Volksfeindes" überaus weit und führt einen verschwommenen moralischen Schuldbeweis ein. Wird der Angeklagte für schuldig befunden, so muss das Revolutionstribunal die Todesstrafe verhängen. Als Ergebnis dieser Verschärfungen fallen – wie der öffentliche Ankläger Fouquier Tinville zynisch formuliert – „die Köpfe wie Dachziegel". Seiner dann schließlich auch – etwas später. In den letzten sieben Wochen der Jakobinerherrschaft finden in Paris 1.376 Hinrichtungen statt, während es dort vom März 1793 bis zum Terrorgesetz im ganzen 1.251 Enthauptungen gegeben hat.

Die Revolution frisst ihre Kinder

Am 26. Juni 1794 erringt die von den Generälen Jourdan, Kléber und Marceau befehligte Nordarmee bei Fleurus in Belgien einen entscheidenden Sieg über die Österreicher. Die zeitweise zurückgedrängte und in ihrem Profitstreben eingeschränkte Großbourgeoisie betrachtet nach diesem militärischen Triumph nicht nur die Wirtschaftskontrollen und die Eingriffe ins Eigentumsrecht, sondern auch die terroristische Repression und damit die Diktatur der Jakobiner als überfällig. Sie wünscht die Rückkehr zu einem liberalen Regime, das völlige Handels- und Produktionsfreiheit garantiert.

Auch die Volksbewegung beginnt, sich von den Jakobinern abzuwenden. Die unzufriedenen und enttäuschten Sansculotten, die in allen Schlachten der Revolution gekämpft und gelitten haben, verfallen in Apathie und Gleichgültigkeit. Ihr revolutionäres Feuer ist erloschen. Damit verlieren die Jakobiner die entscheidende Stütze, die ihnen die Siege über ihre adeligen und bürgerlichen Gegner ermöglicht hat. Die Verschärfung des Terrors, der den Menschen die Luft zum Atmen nimmt, scheint nicht mehr länger hinnehmbar. 140 Jahre später wiederholt sich die Geschichte: Stalin und seine blutigen Schauprozesse, das würgende Klima der Angst und der Panik, es muss auch in Paris in den letzten Wochen der Jakobinerherrschaft in der Luft gelegen haben.

Da die Österreicher ganz Belgien räumen, stoßen die französischen Truppen im Juli 1794 bis zur deutschen Grenze vor. Dadurch stellt sich die Frage, ob die Regierung von der Konzeption der nationalen Verteidigung zu einem Eroberungskrieg übergehen soll. Dies widerspricht dem Konventsbeschluss vom 13. April 1793, sich nicht in Angelegenheiten anderer Länder einzumischen. Robespierre findet aus dem Dilemma keinen Ausweg. Er erscheint vier Wochen lang weder im Wohlfahrtsausschuss noch im Konvent und gibt damit seinen persönlichen und politischen Gegnern die Möglichkeit, eine Verschwörung zu seinem Sturz anzuzetteln.

Im Jakobinerklub deutet der Tugendhafte dunkel an, dass man die Volksfeinde vernichten müsse, deren Hände voller Blut unschuldiger Opfer seien. Da fühlt sich fast jeder angesprochen, der politisch aktiv gewesen ist. Vor allem die nach Paris zurückberufenen Volksvertreter wie Fouché, Barras, Fréron, Carrier und Tallien, die in den Provinzen terroristische Exzesse begangen haben. Zu Recht fühlen sie sich bedroht und müssen damit rechnen, vor ein Revolutionstribunal gestellt und hingerichtet zu werden. Sie setzen sich heimlich mit Konventsabgeordneten in Verbindung, die die Diktatur des Wohlfahrtsausschusses immer nur als Notbehelf angesehen haben. Als sich die Mehrheit des Sicherheitsausschusses in die Verschwörung gegen das Triumvirat Robespierre, Saint-Just und Couthon einreiht, ist das Schicksal der Jakobinerdiktatur besiegelt.

Am 26. Juli 1794 hält Robespierre im Konvent eine Rede, in der er für die Aufrechterhaltung des Terrors plädiert und die Verschwörer gegen die Freiheit zu vernichten verspricht, aber keine Namen nennt. Am nächsten Tag ergreift Saint-Just gegen 12 Uhr im Konvent das Wort, wird aber nieder geschrieen. Ein Tumult entsteht. Robespierre, Saint-Just und Couthon werden unter Anklage gestellt. Die Versammlung stimmt zu, hysterisch vor Angst, auch sie könne der tödliche Bannstrahl des schrecklichen Triumvirats treffen. Nur Augustin Robespierre, der sechs Jahre jüngere Bruder, und der Abgeordnete Lebas solidarisieren sich mit den Angeklagten. Saint-Just ruft aus: „Die Republik ist verloren, die Schurken triumphieren.“ Die Gefangenen werden zum Sicherheitsausschuss abgeführt.

Der letzte Akt spielt auf dem Grève-Platz vor dem Rathaus. Die Kommune hat sofort beim Eintreffen der Hiobsbotschaft die Sturmglocken läuten lassen und die Sektionen für den

Spätnachmittag zu den Waffen gerufen. Die in verschiedene Pariser Gefängnisse geschafften Männer sind bald befreit, aber sie zögern, sich zum Rathaus zu begeben. Couthon trifft als letzter erst gegen ein Uhr früh ein. Kostbare Zeit vergeht. Die Männer sind unentschlossen und mutlos. Sie wissen, wie man im Parlament vorgeht, aber nicht, wie man einen Aufstand leitet. Außerdem ist dem Aufruf an die Sektionen kein Erfolg beschieden. Nur 16 von 48 Sektionen haben überhaupt Bewaffnete geschickt. Ein starker Platzregen hat die meisten davon abgehalten, in dieser Nacht ihr Haus zu verlassen. So profan kann Geschichte sein.

Der Konvent dagegen handelt. Barras erhält den Befehl über die Streitkräfte und stellt aus den Kontingenten von West-Paris und der Stadtmitte eine kleine Armee zusammen. Unterdessen lösen sich die Truppen, die das Rathaus verteidigen, nach und nach auf. Gegen zwei Uhr früh dringen die Vorausabteilungen von Barras in das Gebäude ein. Augustin Robespierre springt aus dem Fenster, Lebas nimmt sich mit einem Pistolenschuss das Leben. Robespierre will sich auch erschießen, verletzt sich aber nur schwer am Unterkiefer. Am nächsten Tag wird er mit einer Trage zum Schafott gebracht und hingerichtet. Mit ihm sterben 21 seiner Freunde ohne Verhandlung und ohne Urteil. Die Arbeiter, die noch am Abend zuvor bereit schienen, die führenden Jakobiner mit ihrem Leben zu verteidigen, rühren keine Hand.

Auch Isabelle und Joseph, inzwischen kirchlich getraut, gewinnen dem Ende der Jakobinerherrschaft positive Seiten ab. Der revolutionäre Elan von einst ist dahin:
Joseph: *„Endlich, der Tyrann ist tot!“*
Isabelle: *„Das kommt mir so bekannt vor. Hast Du das nach der Hinrichtung des Königs nicht auch gesagt?“*

Joseph: „*Du verstehst gar nichts. Robespierre und seine Komplizen haben ein Terror-Regime errichtet, niemand war mehr seines Lebens sicher.*“

Isabelle: „*Joseph, ich will Dir mal etwas sagen. Ich habe die Nase voll von der Revolution und den ewigen Demonstrationen. Ich will, dass Du wieder in Deinem Beruf als Kutscher arbeitest. Schließlich sind wir bald zu dritt, und von der Revolution allein können wir nicht satt werden.*“

Joseph: „*Du hast ja so recht, Isabelle. Auch ich bin müde geworden. Keine Kämpfe mehr, Schluss mit dem Terror. Es wird Zeit, dass das Leben wieder seinen normalen Lauf nimmt.*“

Isabelle: „*Morgen gehst Du zu Monsieur Lablanc und bewirbst Dich. Der Mann hat ein Vermögen mit der Ausrüstung der Armee gemacht. Der kann so jemanden wie Dich gebrauchen.*“

Joseph (mürrisch): „*Ein Schieber, ein Kriegsgewinnler. Und was sage ich meinen Brüdern von der Kommune?*“

Isabelle: „*Sag' ihnen, sie müssen die Revolution ohne Dich weiterführen. Deine Frau und Dein Kind brauchen Dich.*“

Joseph: „*Manchmal zweifle ich daran, ob das bürgerliche Denken je aus Deinem Kopf verschwunden ist. Es fehlt Dir einfach die revolutionäre Gesinnung.*“

Isabelle: „*Papperlapapp. Du wirst jetzt arbeiten und Dich um Dein Kind kümmern, Joseph Lambert. Das schwöre ich Dir, bei der heiligen Jungfrau von Notre Dame.*“

Joseph (mault): „*Die Religion ist abgeschafft.*“

Isabelle (empört): „*Vielleicht bei Deinen Saufbrüdern in der Kommune, aber nicht in unserer Familie. Hüte Dich Joseph, noch einmal die heilige Jungfrau zu verunglimpfen.*“

Joseph: „*Ja, ja, ist ja gut. Reg' Dich nicht auf. Morgen stehe ich bei Monsieur im Vorzimmer, mache meinen Kratzfuß, und es soll alles so geschehen, wie Du es wünschst.*“

Isabelle: *„Endlich wirst Du vernünftig. Bevor ich es vergesse, Joseph, wir brauchen noch Holz für den Ofen...“*
Joseph: *„Ich geh' ja schon...“*

Paris singt, Paris tanzt, Paris feiert

Der Nationalkonvent überlebt Robespierre um eineinviertel Jahre. Äußerlich hat sich nichts geändert. Die Versammlung ist die gleiche, der Kampf gegen das Europa der Könige und Demokraten ist der gleiche. Und doch ist alles anders geworden. Paris tanzt, Paris singt, Paris atmet eine neue Luft. Viele Monate lang bemüht sich der Nationalkonvent, gegen alle Schwierigkeiten und trotz aller Rückschläge sein Ideal zu verwirklichen: die Regierung der Notabeln, der Honoratioren.

Der Konvent ändert die Zusammensetzung des Wohlfahrtsauschusses und beseitigt dessen Vormachtstellung, säubert die Revolutionskomitees von Sansculotten und löst die Pariser Kommune auf. Die Zwangswirtschaft, die die Krise von 1793 bewältigt hat, wird liquidiert, weil sie einem liberalen, auf Gewinn ausgerichteten Wirtschaftssystem im Wege steht.

Die Liberalisierung der Wirtschaft hat die Vertiefung der Klassengegensätze zur Folge. Während das Elend und die Sterblichkeit in den Armenvierteln der Städte rapide ansteigen, tragen Heereslieferanten, Devisenschieber und Aufkäufer von Nationalgütern demonstrativen Luxus zur Schau. Sie feiern rauschende Feste und verhöhnen die spartanische Sittenstrenge, die zur Zeit des asketischen und tugendhaften Robespierre geherrscht hat. Sprösslinge von Neureichen, die man die goldene Jugend nennt, und Banden von Stutzern – Muscadins – machen auf Jakobiner und

Sansculotten Jagd. Der Pariser Jakobinerklub wird im November 1794 geschlossen, einige Wochen später macht man auch dem öffentlichen Ankläger des Revolutionstribunals, Fouquier-Tinville, den Prozess. Er wird zusammen mit 14 Geschworenen des Tribunals guillotiniert.

Die Royalisten wittern ihre Chance, rüsten zum Aufstand. Es gelingt ihnen, etwa 20.000 Mann zu mobilisieren. Um diese Gefahr zu bannen, setzt der Konvent einen Verteidigungsausschuss unter Barras ein und stellt drei Schutzbataillone auf, die teilweise aus Jakobinern bestehen. Als die Royalisten am 5. Oktober 1795 gegen die Tuilerien anrücken, eröffnet der Befehlshaber der republikanischen Streitkräfte, der von Barras eingesetzte 26-jährige Artilleriehauptmann Napoleon Bonaparte, Kartätschenfeuer gegen die Royalisten. Der Aufstand bricht zusammen.

Dieser Erfolg sowie der etwa gleichzeitig abgeschlossene Friedensschluss mit Spanien festigt die Herrschaft des neu gewählten Konvents, der am 22. August 1795 eine revidierte Verfassung verkündet. Die Großbourgeoisie wird in aller Form wieder in jene politischen Machtstellen eingesetzt, die sie während der Jakobinerherrschaft zeitweilig hatte räumen müssen. Das in den Menschenrechtserklärungen von 1789 und 1793 verankerte Widerstandsrecht verschwindet ersatzlos. Ein zweistufiges Zensuswahlrecht hält die proletarischen Massen von der Mitsprache in politischen Angelegenheiten fern. Das ist das „Aus“ für die Sansculotten. Aktivbürger sind nur diejenigen, die ein Einkommen im Wert von 200 Arbeitstagen nachweisen können, in der Mehrheit Großgrundbesitzer.

Diese Wähler, deren Zahl in ganz Frankreich etwa 30.000 beträgt, ernennen die Abgeordneten. Der verwässerten

Menschenrechtserklärung wird ein Katalog von Pflichten angehängt. Die Verfassung erklärt die Gewaltenteilung zum Fundament der staatlichen Ordnung. Die aus 750 Mitgliedern bestehende gesetzgebende Versammlung wird in zwei Kammern geteilt, den „Rat der 500" und den „Rat der Alten". Diese beiden Körperschaften sollen jährlich zu einem Drittel neu gewählt werden. Die vom „Rat der Alten" ernannte Exekutive besteht aus einem fünfköpfigen Direktorium, das seinerseits die Minister bestimmt. Jährlich soll einer der Direktoren ausscheiden und ein neuer an seine Stelle treten.

Um zu verhindern, dass in der neuen Versammlung die Royalisten eine Mehrheit bekommen, bestimmt der Konvent, dass zwei Drittel der neuen Volksvertreter aus den eigenen Reihen kommen müssen.

Die Direktoren wandeln den Verteidigungskrieg, den der jakobinische „Große Wohlfahrtsausschuss" zur Sicherung der revolutionären Errungenschaften geführt und gewonnen hat, in einen Angriffskrieg um. Das linksrheinische Gebiet mit Ausnahme von Mainz befindet sich schon seit Ende 1794 in französischem Besitz. Am 1. Oktober 1795 wird Belgien von Frankreich annektiert. Da die Vertreter der ökonomischen Interessen nunmehr direkt oder indirekt an der Macht teilnehmen, dienen die Expansionsbestrebungen vor allem dem wirtschaftlichen Kraftzuwachs der neuen Plutokratie. Den eroberten Gebieten werden schwere Kontributionen auferlegt und ihre Reichtümer entzogen, um die leeren französischen Staatskassen zu füllen und einen Teil des Raubes in die Taschen der Machthaber und ihrer Gehilfen zu leiten. Unter den niederen Rängen des Heeres gibt es viele, die die Bevölkerung erpressen. Bestechliche Armeelieferanten und Kommissare arbeiten ganz offen in die eigene Tasche, hinterziehen öffentliche Gelder und betrügen die Bevölkerung der eroberten Länder.

Die Entscheidung, innerpolitische Krisen durch militärische Aggression zu überwinden, führt dazu, dass der Geist der Armee alle Sphären des öffentlichen Lebens durchdringt und das Direktorium sich in die Abhängigkeit von siegreichen Feldherren begibt. Zwei Heere unter den Generälen Jourdan und Moreau dringen in Deutschland ein, ohne entscheidende Erfolge zu erzielen. Das Kommando über die Italienarmee erhält Napoleon Bonaparte, der kurz zuvor Josephine Beauharnais – die Witwe eines hingerichteten Generals und frühere Geliebte des Direktors Barras – geheiratet hat. In seinem ersten Tagesbefehl fordert der Feldherr seine Soldaten offen zu Plünderungen in den fruchtbaren Ebenen Italiens auf.

Seine Truppen erobern Piemont, die Lombardei, die Toskana, Parma und Modena. Ende 1796 begründet er unter Beteiligung italienischer Jakobiner die „Cispadanische Republik". Die großen Kriegsentschädigungen, die er den eroberten Provinzen auferlegt, verwendet er meist zur eigenen Bereicherung – Ehefrau Josephine ist schließlich ein Luxusweibchen. Einen Teil der in Gold und Silber eingehenden Kontributionen sendet er nach Paris, wo die Beute zur Erleichterung der Finanzlage Frankreichs beiträgt. Als Bonapartes Truppen nach monatelanger Belagerung im Februar 1797 die wichtige österreichische Festung Mantua erobern, schließt er mit dem Papst den Frieden von Tolentino und wendet sich gegen Norden. Innerhalb weniger Wochen dringt sein Heer bis in die Steiermark vor, so dass die Regierung von Kaiser Franz II. gezwungen ist, in Leoben einen schmählichen Frieden zu schließen, um die Besatzung Wiens zu vermeiden.

Der Staatsstreich der Advokaten

Die Wahlen vom April 1797 in Frankreich führen zur Verstärkung der monarchistischen Rechten. Ihr gehört auch der neue Direktor Barthélémy an, der an die Stelle des ausscheidenden Letourneur tritt. Auf Drängen von Barras, der mit England zu einem Abkommen gelangen will, wird der aus dem amerikanischen Exil zurückgekehrte Abgeordnete Talleyrand, ein gerissener und erfahrener Politiker, zum Außenminister ernannt. Infolge der Wühlarbeit englischer und österreichischer Agenten, die von General Pichegru unterstützt werden, wächst wieder einmal die Gefahr eines royalistischen Umsturzes. Daraufhin entschließen sich die Direktoren Barras, Reubell und La Revellière zum Staatsstreich. Um die gegenrevolutionären Elemente auszuschalten, stellen sowohl der Befehlshaber der Rheinarmee, Hoche, als auch Bonaparte Truppen zur Verfügung.

Der so genannte „Coup d État“ vom 4. September 1797 verläuft unblutig. Barthélémy und Pichegru werden verhaftet. Carnot, der sich nicht an einem Staatsstreich gegen die gesetzmäßig zustande gekommene Parlamentsmehrheit beteiligen will, entkommt ins Ausland. Die Wahlergebnisse vom April werden für nichtig erklärt, 177 Abgeordnete verlieren ihr Mandat. Der Staatsstreich rettet zwar das republikanische Regime, bedeutet aber, dass der Versuch, dem Direktorium eine konstitutionelle Basis zu geben, gescheitert ist. Die Manipulation von Wahlergebnissen wird zum Lebensprinzip der „Regierung der Advokaten“, die der häufigen Staatsstreichversuche nur noch mit Hilfe der Armee Herr werden können.

Bis zu seinem unrühmlichen Ende laviert das Direktorium zwischen Royalismus und Jakobinismus. Trotz einer

Zwangsanleihe und einer Steuerreform ist die Regierung nicht imstande, das Staatsbudget auszugleichen, weil die Korruption der Staatsbeamten und der überhand nehmende Einfluss von Spekulanten und betrügerischen Heereslieferanten alle Versuche zur Behebung der Wirtschaftskrise vereiteln. Der bequemste Ausweg ist die Ausbeutung der Satellitenstaaten. Die Direktoren erblicken in den dortigen demokratischen Patrioten keine gleichberechtigten Partner, sondern lediglich Instrumente einer expansiven Außenpolitik.

Anfang 1798 rücken französische Truppen in die Schweiz ein. Das Direktorium nutzt die Unzufriedenheit der Landbevölkerung in den von patrizischen Oligarchien beherrschten Kantonen der Eidgenossenschaft aus, um mit Hilfe bürgerlicher Revolutionsfreunde die Schweiz in eine „Helvetische Republik“" umzuwandeln. Der reiche Berner Staatsschatz wird nach Paris gebracht und dient zur Finanzierung der ägyptischen Expedition Napoleons.

Nach dem Frieden von Campo Formio bleibt nur Großbritannien im Kriegszustand mit Frankreich. Da eine Landung in England undurchführbar scheint, hat Napoleon Bonaparte die Idee, an der Spitze einer Expedition nach Ägypten zu segeln, um Englands Vormachtstellung im Mittelmeer und in Indien zu erschüttern. Die französischen Kaufherren, die am Handel mit dem Orient mehr als interessiert sind, hoffen, Ägypten in eine wertvolle Kolonie zu verwandeln. Die Direktoren stellen für das Unternehmen Geld, Schiffe und Soldaten zur Verfügung, weil sie in der Popularität des siegreichen Generals eine Gefahr für die eigene Machtposition sehen.

Im Mai 1798 läuft das Expeditionskorps mit 350 Schiffen und 30.000 Mann aus, erobert Malta und landet in Ägypten.

Dort besiegt Bonapartes Heer in der Schlacht bei den Pyramiden die Truppen der Mamelucken. Doch der Sieg ist nichts wert, denn wenige Tage später vernichtet der englische Admiral Nelson die französische Flotte und schneidet dadurch das Expeditionskorps von Frankreich ab.

Der ägyptische Feldzug bedeutet einen Wendepunkt in der Geschichte des revolutionären Frankreich: Er hat rein gar nichts mehr mit dem nationalen Interesse zu tun, sondern ist lediglich ein imperialistisches Abenteuer. Haben die Franzosen in den annektierten Gebieten und den europäischen Satellitenstaaten die Bevölkerung trotz der Ausplünderungspolitik von vielen feudalen Übeln befreit, so erweist sich Napoleon in Ägypten als grausamer Eroberer und Militärdiktator, der keinerlei soziale Änderungen im Sinn hat.

Nachdem er eine Erhebung in Kairo mit erbarmungsloser Härte niedergeschlagen hat, begibt er sich an der Spitze seiner Armee nach Palästina, um durch Syrien und Kleinasien nach Konstantinopel vorzudringen. Dieser Feldzug scheitert vor der Festung von Akko, die er trotz zweimonatiger Belagerung nicht erobern kann, weil sie vom englischen Admiral Sidney Smith vom Meer her mit Waffen und Lebensmitteln versorgt wird. Im Mai 1799 zieht sich das durch Verluste und Krankheit dezimierte französische Heer wieder nach Ägypten zurück.

Mittlerweile gehen die Früchte der napoleonischen Siege verloren. Die italienischen Satellitenrepubliken verschwinden, weil Österreich sich mit Russland verbündet hat und die Franzosen an allen Fronten zurückgedrängt werden. Die Direktorialherrschaft steht vor dem politischen Bankrott, da sie nicht verstanden hat, die militärischen

Eroberungen zu bewahren, die republikanischen Institutionen dauerhaft zu verankern und die Wirtschaft zu sanieren. Im April 1799 wird Sieyés ins Direktorium gewählt, der schon zu Beginn der Revolution die großbürgerlichen Interessen präzisiert hat und nunmehr für eine Revision der Direktorialverfassung eintritt. Doch der Staatsstreich vom 18. Juni 1799 durchkreuzt seine Pläne. Es kommt erneut zu einem Linksruck: Die beiden Ratsversammlungen legen den Wohlhabenden eine gewaltige Zwangsanleihe auf. Sogar der Pariser Jakobinerklub wird wieder eröffnet. Und schon werden Stimmen laut, die fordern, die Staatsämter mit ehrlichen Republikanern zu besetzen und gegen Spekulanten und Royalisten Anklage zu erheben.

Die Diktatur des Militärs

Da gelangt Sieyés zur Einsicht, dass nur ein Militärdiktator Frankreich vor der permanenten Bedrohung durch linke und rechte Aufrührer retten kann. Diese Meinung teilt auch Talleyrand, der das sinkende Schiff des Direktoriums verlässt und als Außenminister zurücktritt. Der dritte Politiker, der erkennt, dass Frankreich einen starken Mann braucht, ist der ehemalige Terrorist Fouché, der als neuer Polizeiminister fungiert.

Die drei Ex-Priester Sieyés, Talleyrand und Fouché versuchen einen fähigen und ruhmreichen Feldherren zu finden, dem man die politische Macht zuschieben kann, während die wirtschaftlichen Kommandoposten umso fester in den Händen der Bourgeoisie, also des Kapitals, verbleiben sollen. Der erste General an den sich Sieyés wendet, ist General Joubert. Der zeigt sich bereitwillig, fällt aber in der Schlacht bei Novi. Bernadotte kommt nicht in Frage, weil er der Republik nicht den Garaus machen will. Moreau zögert und erbittet Bedenkzeit.

Inzwischen ist die Kunde zu Napoleon Bonaparte nach Ägypten gelangt, dass in Frankreich infolge der Niederlagen Verwirrung und Zerrüttung herrschen und das Direktorium kopflos sei und beim Volk verhasst. Sein Entschluss ist schnell gefasst. Er übergibt das Oberkommando über die Expeditionsarmee General Kleber und segelt von Ägypten mit der festen Absicht ab, die Macht in Frankreich zu ergreifen. Am 8. Oktober erreicht er die französische Küste, acht Tage später ist er in Paris.

Seine charismatische Persönlichkeit entfacht Begeisterung. Ein Großteil der Bevölkerung erwartet vom Eroberer Italiens und Ägyptens, dass er dem korrupten Regime ein Ende bereiten und Friede, Ruhe und Ordnung herstellen werde. Talleyrand macht Bonaparte mit Sieyés Plan bekannt, das Direktorium durch eine provisorische Exekutive von drei Konsuln zu ersetzen, die eine neue Verfassung ausarbeiten soll. Sieyés, der Napoleon unterschätzt, hofft, dass der 30-jährige General sein williges Werkzeug sei und er selbst die Geschicke Frankreichs lenken werde. Fouché, wie immer instinktiv die Entwicklung vorausahnend, bietet Napoleon seine Dienste als Polizeiminister an.

Am 9. November kündigt Napoleon den Offizieren der Pariser Garnison an, es sei notwendig, die Soldaten in Alarmbereitschaft zu halten, um die Republik zu retten. Seine Freunde streuen das Gerücht von einem terroristischen Komplott aus und beantragen im Rat der Alten, Napoleon zum Befehlshaber der in Paris stationierten Truppen zu ernennen und die Sitzungen der beiden Räte in die kleine Stadt Saint Cloud unweit der Hauptstadt zu verlegen. Denn obwohl die Revolutionsbegeisterung der Sansculotten erloschen ist, befürchten die Verschwörer bei der Auflösung der beiden Ratsversammlungen einen Volksaufstand.

Als am nächsten Tag mehrere Abgeordnete im Rat der 500 gegen die Verletzung der Verfassung protestieren und Widerstand zu leisten versuchen, dringen Grenadiere in den Sitzungssaal ein und bringen mit ihren Bajonetten die widerspenstigen Volksvertreter zur Räson. Am Abend des 10. November setzt der Rat der Alten das Direktorium ab. An seine Stelle tritt ein aus drei Männern bestehendes Konsulat.

Dieser Staatsstreich, der die gesetzgebenden Körperschaften zu ohnmächtigen und willenlosen Werkzeugen der Exekutive stutzt und alle Macht der autoritären Regierung überträgt, bedeutet die endgültige Erstickung des revolutionären Geistes. Nunmehr kann die Militärdespotie ihren Anfang nehmen, vor der Robespierre in seiner letzten Rede so eindringlich gewarnt hat.

Am 13. Dezember 1799 proklamiert die provisorische Regierung die hastig ausgearbeitete Konsulatsverfassung, die keine Menschenrechtserklärung mehr enthält. Der allmächtige Erste Konsul Napoleon Bonaparte, der als Staatsoberhaupt nahezu unbeschränkte Vollmachten erhält, ernennt alle Minister und alle Mitglieder des Staatsrats und besitzt die Gesetzes- und Budgetinitiative. Napoleon bootet nach und nach die Mitverschwörer Sieyés und Ducos aus und ernennt als zweiten und dritten Konsul Männer, deren Fachgebiet die Justiz und Verwaltung sind: Cambacérès und Lebrun. Sie haben keine politische, sondern nur beratende Kompetenzen. Die Verfassung sieht zwar die Errichtung von drei Kammern, nämlich des Senats, des Tribunats und der gesetzgebenden Körperschaft vor. Aber diese repräsentativen Elemente dienen lediglich als legitimierende Fassade. In einer Proklamation, die er gleichzeitig mit der Verfassung bekannt gibt, erklärt Napoleon lakonisch und militärisch knapp: *„Bürger, die Revolution ruht fest auf den Grundsätzen, von denen sie ausging. Sie ist beendet."*

Napoleon wird von den revolutionsmüden Franzosen mit Freuden begrüßt. Von ihm erwartet man Kontinuität – und eine neue Machtentfaltung Frankreichs. Der Höhepunkt ist seine Krönung zum Kaiser:
Isabelle (entzückt): *„War das eine Pracht, eine Herrlichkeit!"*
Joseph: *„Ja, wirklich ein erhabener Augenblick, als sich der Imperator in der Gegenwart des Papstes selbst die Krone aufsetzte."*
Isabelle: *„Und wie elegant die Damen gekleidet waren. Die Schwestern unseres hochwürdigen Kaisers, entzückend. Und erst Kaiserin Josephine: Zehn Meter soll die Schleppe lang gewesen sein. Alles feinste Brüssler Spitze. Ein Traum."*
Joseph: *„Frankreichs Größe und Herrlichkeit überstrahlte an diesem Tag alles. Sogar der Papst musste sein Haupt vor unserem Kaiser Napoleon beugen."*
Isabelle: *„Ich habe bereits angefragt, ob ich in die Dienste von Kaiserin Josephine treten kann. Schließlich kann ich auf Referenzen der Königin verweisen."*
Joseph: *„Ja, die Königin. Ein trauriges Ende. Aber wenn Du wieder bei Hofe dienen würdest, wäre das eine große Ehre für unsere Familie."*
Isabelle: *„Ihre Majestät geruht, mir in den nächsten Wochen eine Antwort zukommen zu lassen."*
Joseph: *„Vielleicht könnte ich mich ja auch bei Hofe bewerben. Ein tüchtiger Kutscher, der sich mit der Etikette auskennt, wird allemal gebraucht."*
Isabelle: *„Das wäre ja herrlich!"*

Joseph: „*Alles so, wie in den guten alten Zeiten.*“
Isabelle: „*Ja, alles so wie damals in Versailles.*“